AF542902

CONSIDÉRATIONS

SUR

LA DIFFICULTÉ DE COLONISER

LA RÉGENCE D'ALGER.

IMPRIMERIE DE SELLIGUE,
RUE DES JEUNEURS, N° 14.

CONSIDÉRATIONS

SUR

LA DIFFICULTÉ DE COLONISER

LA RÉGENCE D'ALGER,

ET SUR

LES RÉSULTATS PROBABLES

DE CETTE COLONISATION.

Par M. A.

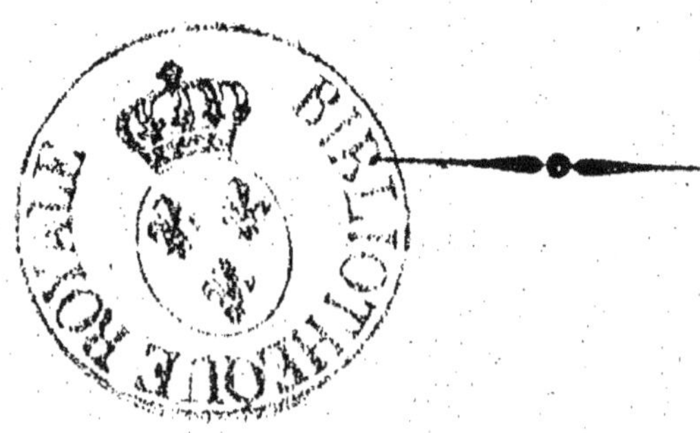

PARIS.

IMPRIMERIE DE SELLIGUE,

RUE DES JEUNEURS, N° 14.

1830.

CONSIDÉRATIONS

SUR

LA DIFFICULTÉ DE COLONISER

LA RÉGENCE D'ALGER.

Au milieu des événemens politiques qui, depuis quelques années, semblent entraîner l'ancien et le nouveau monde, et promettre aux peuples des améliorations dans les divers systèmes de gouvernement qui les régissent, améliorations que la sagesse des rois s'empressera de consentir, pour qu'ils puissent rester les maîtres d'en fixer les limites; en présence de ce grand drame auquel la Providence seule peut assigner un dénouement que des résistances mal-entendues, quoique bien intentionnées, pourraient rendre terrible, une question importante pour la France se présente à la suite d'une brillante conquête tout récemment faite par elle : QUE FERA-T-ON D'ALGER? Introducti[on]

Soit que l'on considère cette question sous le rapport de notre intérêt immédiat, soit qu'on l'examine dans ses liaisons avec les intérêts d'une nation jusqu'à ce jour ennemie de notre prospérité commerciale, mais à laquelle les derniers événemens d'Orient semblent imposer l'obligation de se rapprocher de nous et de rechercher notre appui, cette importante question mérite d'être approfondie. En effet, dans le premier cas, il ne s'agit rien moins que du salut de l'une des plus belles parties de notre armée, et de conserver avec les riches dépouilles ennemies, la gloire d'une conquête regardée comme très-difficile, et pour la réussite de laquelle il fallait tout à la fois, le concours d'une marine habile, d'une armée dévouée, et de chances de mer que nos amiraux ont considérées comme extrêmement heureuses (1). Dans le second cas, il ne s'agit pas moins que de contrarier dans ses intérêts les plus chers, cette nation égoïste et jalouse de toute prospérité maritime et commerciale, et très-disposée à prendre de l'ombrage même de la possibilité d'un succès en ce genre, de la part de la France qui, de son côté, aurait tant de raisons pour vivre désormais en bonne intelligence avec elle!... Examinons donc jusqu'à quel point la France peut espérer de coloniser la Régence d'Alger, et de trouver dans cette grande entreprise les avantages que l'on s'accorde généralement à regarder comme certains et comme pouvant devenir d'une très-haute importance. Abordons la question promptement, pour profiter du

(1) Si la tempête du 16 juin eût duré une heure de plus, c'en était fait de la flotte, et la perte de la flotte entraînait la perte de l'armée, qui n'avait ni matériel ni approvisionnemens.

temps présent; aussi bien le sort de cette ville si longtemps fameuse par ses brigandages, ne tardera pas à être décidé : mais commençons par jeter un coup-d'œil sur l'origine des populations barbaresques, et sur le commerce qu'elles faisaient avec la France en 1789.

Origine des puissa[nces] barbaresq[ues]

On vit, en moins de deux siècles et demi, une horde de Tartares sortie de l'Aderbidjan, envahir le midi de l'Asie, tous les déserts au nord de la Mer Noire, subjuguer l'Arabie, tout le nord de l'Afrique, et renverser l'empire d'Orient après avoir ravagé et conquis toutes ses provinces d'Europe.

Une longue suite de princes, telle qu'aucun peuple n'en vit jamais, tous de caractère et de talens très-supérieurs, constitua ce peuple ottoman qui, pesant de tout son poids sur l'Europe, la menaçait par l'Orient et l'Occident, lorsque arrivé au faîte de sa puissance il éprouva son premier échec devant Vienne (1). Dès le moment où ils furent forcés de s'arrêter, ces mêmes princes, jadis l'effroi du monde, amollis par le sérail, gouvernèrent par leurs eunuques, et successivement battus par le prince Eugène, Thamas-

(1) Si le grand Sobieski et ses Polonais n'eussent vaincu Kara-Moustapha devant Vienne, l'Europe eût reçu la circoncision et porté le turban. Moins d'un siècle après, la Pologne était effacée du nombre des puissances de la terre, et l'Autriche, en prenant sa part de cette grande iniquité, se chargea de donner aux temps à venir la preuve que les gouvernemens et les peuples, comme les individus, ne doivent jamais se rendre coupables d'ingratitude.

Kouli-kan et par les Russes, virent ceux-ci leur enlever l'une après l'autre leurs plus belles provinces, et venir dicter des lois à la Sublime-Porte, jusque sous les murs de Constantinople.

L'on se tromperait étrangement si l'on croyait que la modération seule du Tzar empêcha les Russes d'entrer dans cette capitale. Ce conquérant n'eût marché que sur un monceau de cendres et de ruines : il le savait; il savait aussi que l'Europe long-temps trompée sur la possibilité du succès et sur les résultats à venir de la conquête du Bosphore par les Russes, ouvrant enfin les yeux, interviendrait avec ses flottes et ses armées; et dès-lors renonçant à une guerre ouverte, dangereuse pour lui, le Tzar commença par ses traités (1) cette guerre sourde, ces intrigues politiques qui lui avaient si bien réussi en Pologne et

(1) Un article du traité en question autorise l'établissement de lignes commerciales et de consuls pour les protéger, partout où le Tzar le trouvera convenable. On organise en ce moment une de ces lignes *de Basroa à Trébisonde*. Le portage par terre n'est que de cinquante et quelques *marches* de caravane, dont plus de la moitié sera épargnée par les bateaux à vapeur qui remonteront l'*Euphrate*. Nul doute que les Russes ne veuillent recevoir par là, les thés, les épices et autres marchandises précieuses de l'Inde, que les Anglais ou les Hollandais leur apportent par le *Cap de Bonne-Espérance* et le *Sund*, et qu'ils leur font payer fort chèrement. De Trébisonde, ces marchandises se répandront dans tout l'empire avec une facilité merveilleuse et à bon compte, par les canaux et les fleuves qui débouchent dans les mers Noire et d'Asow. C'est par ce chemin, et *avec bien moins de facilités*, que, dans le moyen

en Crimée, dont les effets se font déjà sentir en Macédoine, en Albanie et dans quelques provinces d'Asie; et qui, après avoir divisé l'empire turc pour l'épuiser en hommes et en argent, finiront par amener l'intervention russe que l'on fera considérer comme un bienfait, et par établir la domination moscovite que l'on présentera comme un moyen de salut.

Quoi qu'il en soit, à mesure que le pouvoir des sultans s'affaiblit, leurs provinces les plus éloignées leur échappèrent, les pachas cherchèrent à se rendre indépendans; et c'est ainsi que les gouverneurs des provinces d'Afrique, devenus souverains moyennant un tribut en hommes et en argent, ne le payèrent bientôt plus.

Les populations barbaresques soumises à ces chefs se composaient : 1° d'anciens habitans du pays, peuples sauvages qui jamais n'ont été soumis, et qui habitent les déserts et l'Atlas; 2° d'anciens habitans du littoral, race croisée par tous les peuples qui les ont conquis; 3° d'Arabes venus d'Asie au 7° siècle, et dont une partie, après avoir conquis tout le littoral africain, passa en Espagne où ils restèrent 700 ans, et d'où ils furent refoulés en Barbarie; 4° de Juifs arrivés dans la contrée depuis des temps très-anciens, et probablement depuis leur expulsion de Judée par les Romains; 5° enfin de Turcs (et de leur race, les

âge, Gênes et Trébisonde firent le commerce des Indes et de tout l'Orient avec l'Occident, et s'enrichirent prodigieusement!!!

Koulourlis), milice composée d'aventuriers venus de l'Orient.

Long-temps corsaires, ces peuples s'enrichirent aux dépens de la chrétienté par leurs déprédations ou les tributs qu'ils lui imposaient; enfin quelques-uns, dirigés par des chefs habiles, protégèrent le commerce et bannirent toute avanie, toute vexation. Les deys d'Alger seuls, plus puissans que les autres chefs de ces barbares tant par l'étendue que par la population et les revenus de leur royaume, fiers de la position de leur capitale qu'ils regardaient comme imprenable et de la sûreté de leur port qu'ils avaient rendu inattaquable par mer, après avoir fait à la France des concessions territoriales et commerciales, les contestaient sans cesse, pour obtenir de nouvelles rançons déguisées sous le nom de présens, et ne craignirent pas, à la suite d'une dernière discussion, d'insulter la France en tirant lâchement sur son pavillon.

Une expédition préparée, il faut le dire, avec un soin, une rapidité incroyables, et exécutée avec une habileté à laquelle des peuples rivaux ont été forcés d'applaudir, a mis dans nos mains victorieuses les dépouilles accumulées par deux cents ans de pillages, et toute l'Europe a applaudi à ces succès.... Par quelle fatalité notre établissement dans ce royaume éprouve-t-il des difficultés inattendues? Que devons-nous craindre ou espérer de l'avenir? Ces questions seront bientôt résolues; mais auparavant rappelons succinctement ce qu'était le commerce de la France avec les États barbaresques avant la révolution de 1789, et ce qu'il est devenu depuis lors.

Comme de la Fr avec le Le en 178

A cette époque, la France expédiait annuellement aux Échelles du Levant ou du midi de la Méditerranée des marchandises pour 24 à 25 millions de francs, dont les draps composaient à peu près la moitié. Ces marchandises y étaient portées par 200 bâtimens et 2,500 à 3,000 matelots, dont une grande partie faisait deux voyages. Les retours se composaient de matières premières qui venaient alimenter nos fabriques de Normandie et de Picardie, de Languedoc et de Provence, et dont la valeur pouvait se monter annuellement à 26 ou 27 millions de francs.

La majeure partie des expéditions de France, partant de Marseille, et tous les retours, sans exception, arrivant dans cette ville pour y purger leur quarantaine, ce commerce roulant sur 50 millions donnait à la France de grands bénéfices sur ses fabrications, et laissait à Marseille des commissions et des frais de toute espèce qui eussent suffi pour l'enrichir, alors même qu'elle n'aurait pas pris une part directe à ce commerce avantageux; et tout cela aux dépens des Orientaux, car nous avions obtenu sur eux de leur gouvernement, un avantage de 7 pour cent à l'entrée de leurs ports; et ils payaient chez nous un droit d'entrée de 20 pour cent que nos nationaux ne payaient pas : ensuite nous ne portions guère aux Turcs que des objets fabriqués ou prêts à consommer, tandis que nous ne tirions d'eux que des denrées ou matières brutes.

nerce 'rance a côte ·barie, ·789.

A cette époque de prospérité, notre commerce avec la côte de Barbarie ne comptait guère dans les échanges dont nous venons de parler que pour 1,500 mille francs de marchandises exportées de France, et pour deux millions d'importations, en sorte que la balance était en leur faveur et se soldait ordinairement en piastres. Dans ces évaluations, le commerce avec Alger, directement fait par nous ou par les Juifs de cette ville, ne montait pas au-delà d'un million. Il est vrai qu'en outre la compagnie d'Afrique alors établie à Bonne et à la Calle, y portait des marchandises ou des piastres pour environ un million, et qu'elle en retirait des produits du sol et surtout des grains pour 12 ou 1,300 mille francs, ce qui portait en définitive le roulement de commerce de la France avec la Régence d'Alger à environ trois millions de francs.

Nous en tirions pour la France, des blés ou orges, des laines, un peu de cire, des cuirs, des légumes, des dattes, quelque peu de séné et du corail dont une partie était recueillie par nos pêcheurs corses ou provençaux; et la majeure partie de ce corail se vendait brut ou travaillé, soit en Italie, soit à la côte de Guinée, en échange de ses esclaves. Le reste se portait dans l'Inde et jusques en Chine.

Telles étaient les relations qu'avait la France, il y a 40 ans, avec l'ancienne Mauritanie que les Romains considéraient comme l'une des provinces les plus riches de leur empire, et comme le grenier le plus sûr et le plus abondant de leur immense capitale. Les nombreuses caravanes qui, du centre de l'Afrique et des bords du Niger qu'ils connaissaient mieux que nous, leur parvenaient à travers cette vaste province et leur apportaient tant de richesses et tant d'animaux féroces pour alimenter leur luxe et leurs cirques, se réduisaient, il y a 40 ans, à un peu de poudre d'or, d'ivoire, de séné, de dattes, et à quelques dents d'éléphant; enfin il en arrivait des plumes d'autruche et quelques chaînes de noirs venant du Fezan et du Mourzouk à Tripoli.

Ce qu'éta[illegible] commer[illegible] en 181[illegible]

En 1815, les négocians de Marseille sollicitèrent avec instance et obtinrent avec des transports de joie incroyables la franchise du port de Marseille, espérant y ramener le commerce tel qu'il était 25 ans auparavant et les bénéfices qui en étaient le résultat. Ces négocians n'avaient pas réfléchi que, pendant nos longues années de guerre avec l'Angleterre, les Orientaux ne pouvant recevoir nos marchandises, et les Anglais pouvant les leur offrir presque à aussi bon compte que nous, les avaient accoutumés à les recevoir d'eux (1). On n'avait pas pensé qu'on ne change pas facilement les habitudes des Levantins et des Barbaresques, et que si pour certains objets nous pouvions nous présenter avec avantage dans les ports turcs, les ennemis éternels du commerce français

(1) En 1826, sur 4,800 mille francs reçus par Alger en marchandises de neuf des puissances de l'Europe, l'Angleterre seule en envoyait pour 2,500 mille francs, et par conséquent au-delà de la moitié, soit directement, soit sous le pavillon toscan.

trouveraient le moyen de nous en exclure en faisant établir de forts droits d'entrée contre nous, dont ils seraient exempts. On n'avait pas songé enfin que les marchandises qui entraient dans le port de Marseille n'éviteraient la visite des douanes *en masse* que pour y être soumises *en détail* aux portes de la ville, lorsque ces marchandises s'expédieraient dans l'intérieur de la France et par charrettes, ce qui forcerait à ouvrir les caisses ou colis dans lesquels ces marchandises seraient emballées, et ce qui les exposerait à des avaries dans leur transport et à des retards qui, en augmentant beaucoup leur prix, en diminueraient la consommation dans l'intérieur du royaume. De tout cela il suivit que le port de Marseille s'ouvrit, que l'ancien commerce du Levant n'y revint pas, et qu'on reconnut l'inutilité (pour ne pas dire plus) de cette grande mesure sur laquelle on n'osa pas revenir tout d'un coup, mais qu'il fallut successivement modifier et à peu près annuler.

qu'a été ce mmerce uis 1816.

Depuis 1816, ce commerce a langui, et fort heureusement pour Marseille, les grandes expéditions de grains, venant de la mer noire, donnèrent quelque mouvement à son port, de belles commissions à ses négocians, et par conséquent du travail à la classe ouvrière et indigente.

En 1826, les exportations de France au levant et à la côte d'Afrique étaient d'environ douze millions, et les importations en cuirs, laines, cotons, etc., étaient de pareille somme, à peu près. Ainsi, malgré la concurrence anglaise, et les atteintes qu'elle avait portées à nos anciens traités avec la Porte, atteintes contre lesquelles notre ambassadeur, à Constantinople (1), ne sut pas nous défendre; déjà notre commerce du levant avait retrouvé la moitié des avantages qu'il avait en 89.

Alors nos échanges, avec la Régence, se bornaient à des exportations de France pour 7 à 800,000 francs, en draps, toiles, bonnets, sucre, café, etc., que les Algériens soldaient en piastres.

A la même époque, le commerce total de la Régence avec l'Europe, n'était pas avantageux pour elle, et il faut qu'en même temps que ses besoins ou ses importations se sont accrus, ses moyens d'échange se soient affaiblis depuis 40 ans; car en 1826, elle recevait, des diverses puissances de l'Europe, des marchandises fabriquées pour près de 5,000,000 de francs, et elle ne leur envoyait des cuirs, laines, cire et autres objets d'échange, que pour 3,000,000, en sorte qu'elle était forcée de solder sa balance avec des piastres pour près de 2,000,000.

Voyons maintenant quel parti on pourrait tirer de la possession d'Alger, et de ses dépendances, comme point de colonisation.

Production de la Régence d'Alger.

Les vallées et les coteaux, au nord du Petit Atlas, donneraient, et en abondance, toutes les céréales et toutes les productions de l'Europe; ainsi on y cultiverait, avec succès, tous les grains, la soie, l'huile, le lin, le chanvre, le tabac, la garance,

(1) M. le marquis de Rivière.

le pastel, tous les légumes, tous les fruits; on y élèverait des bœufs de petite race, et de nombreux troupeaux pâtureraient sur les montagnes sèches et couvertes de *makis* ou de broussailles. Les vastes plaines, au nord du grand et du petit atlas, et qui s'étendent, de l'ouest à l'est, sur une longueur de plus de deux cents lieues sur huit à dix d'une largeur moyenne, donneraient à la fois, les céréales de l'Europe, et la plupart des productions des Tropiques.

Dans cette bande de terres labourables, que les Arabes nomment le Tell, et que la mer limite au nord et l'Atlas au sud, on distingue comme les plus riches en produits, les plaines d'*Arzéo*, de *Trémécen*, d'*Oran*, et sur la route de cette ville à Alger, celles d'*Habrah* et *Miliana*. Les plaines à l'est d'Alger, et de cette ville à *Constantine* et à *Bonne*, sont très-productives; mais celles de *Blida* et de *Médéa* sont regardées comme les plus fertiles de la Régence. La canne à sucre, le café, le coton, l'indigo, la cochenille, le cacao, etc., y seraient cultivés avec succès, surtout dans les terres qui peuvent s'arroser, et il y en a beaucoup. On les cultiverait avec plus de succès encore, dans les vallées et dans les plaines au midi du Petit et du Grand Atlas.

ar qui fera-t-on opérer s cultures?

Mais par qui fera-t-on opérer ces cultures? Sera-ce par des Français ou autres colons Européens? y emploiera-t-on de préférence des nègres achetés en contrebande sur la côte de Guinée ou dans l'intérieur même du continent africain? ou bien emploiera-t-on à ces cultures les bras des Maures et autres habitans du pays qui consentiront à s'y livrer ? Nous n'entrerons pas en discussion sur la grande question si long-temps débattue, et jusqu'ici non complètement résolue, si l'on aurait dû ou non continuer la traite des nègres. Nous considérerons cette question comme jugée, puisque les divers gouvernemens l'ont ainsi décidé. Cependant s'il est reconnu que les hommes de nos climats ne peuvent pas travailler à la culture des terres sous les tropiques, parce qu'ils ne peuvent pas supporter l'excessive chaleur de cette zône brûlante ; si, d'un autre côté, il est établi, du moins jusqu'à présent, que nos colonies des Antilles ne peuvent être exploitées que par des nègres esclaves, faute de bras libres qui puissent faire ces travaux, et que les nègres, ne pouvant se multiplier, dans l'esclavage, aux Antilles, on ne peut les renouveler que par la traite ; il faudra donc abandonner nos colonies ; mais alors, les Anglais nous fourniront aux prix qu'ils voudront du sucre et d'autres denrées coloniales de l'Indoustan, qui leur coûtent si peu, et c'est où ils voulaient en venir, lorsque, dès 1814, ils renouvelèrent leurs déclamations philantropiques contre la traite, en même temps qu'ils accroissaient le nombre des malheureux Indous qui travaillent pour eux en Asie à 4 et 5 sous par jour, et dont ils ont porté le nombre à cent millions (1)!!!

Que si, de leur côté, les Anglo-Américains con-

(1) Discours de M. Peel au parlement, en 1830.

sentiront la suppression de la traite dès 1808, c'est parce que l'expérience leur avait appris que la population nègre, bien qu'esclave, multipliait avec la même rapidité que la population blanche, sous la double et heureuse influence du climat et des lois protectrices de l'union ; or, comme le nombre des noirs s'élève aujourd'hui à plus de deux millions deux cent mille (1) aux Etats-Unis, dont la population double tous les 22 ou 23 ans (2) ; il est clair que le nombre de leurs esclaves s'accroît annuellement d'environ cent mille, ce qui donnera progressivement à ces Etats, plus de facilité pour exploiter, dans leurs provinces méridionales, la culture de produits qui sont devenus pour eux de première nécessité, et qui les enrichissent en leur fournissant de grands moyens d'exportation. Il suivra de là, que, si nous étions forcés d'abandonner nos colonies, les Etats-Unis s'empresseraient de partager, avec les Anglais, l'avantage de nous fournir des denrées coloniales, sans accroître pour cela leurs consommations en produits de France, tant qu'ils trouveraient à s'en pourvoir ailleurs plus avantageusement pour eux.

Au surplus, quels que soient les motifs qui ont porté les Anglais à solliciter l'abolition de la traite, et qui ont déterminé les Etats-Unis à la consentir, il n'en demeure pas moins constant que, ne pouvant

(1) Ce qui forme à peu près le cinquième de la population totale des États-Unis.

(2) Wardon, 1er vol., pag. 41 et 42 de l'introduction.

employer des nègres de traite aux travaux de nos Antilles, et les Européens ne pouvant soutenir le travail pénible de la culture des denrées tropicales, sous la latitude nécessaire à leur plein succès, on ne pourra pas non plus les employer aux travaux coloniaux de la régence d'Alger, et qu'il faudra nécessairement avoir recours à une partie des habitans du pays. Voyons jusqu'à quel point on pourrait en tirer parti.

Difficu... proven... des hab...

Par ce que l'on sait des Kabaïles(1) qui jamais n'ont voulu reconnaître la domination turque, et qui vivent dans les montagnes et les forêts, ou dans les déserts au midi de l'Atlas, il est bien facile de reconnaître l'impossibilité de dompter ou d'apprivoiser ces sauvages farouches, et de les faire travailler pour nous; aussi fanatiques que féroces, il serait plus facile de les détruire que de les soumettre, et dans l'impossibilité de les poursuivre à travers leurs précipices et l'épaisseur de leurs forêts, on n'aurait pas même la faculté de les atteindre par les chiens que les Espagnols avaient dressés à chasser les malheureux naturels des Antilles et de St-Domingue. Quand un semblable moyen ne répugnerait pas à nos mœurs actuelles, les Kabaïles n'auraient rien à redouter de son

(1) Ce sont les anciens habitans du pays, et, selon toutes les apparences, issus de cette race rouge ou des *Phen*, qui a tant de rapport, encore aujourd'hui, avec les races rouges du Pérou et du Mexique, et dont les anciennes communications s'expliqueraient par les mêmes monumens, les mêmes usages et par le *Timée*.

emploi, parce qu'ils sont accoutumés à la chasse ou à se défendre des bêtes féroces qui peuplent leurs déserts, et qu'ils attaquent avec autant de courage que d'adresse et de succès.

Quant aux Arabes bédouins (1), ils sont ce qu'ils étaient il y a 3,000 ans, passionnés pour leur indépendance, paresseux, incapables de se livrer à aucun travail, et pleins de mépris pour toute autre nation que la leur. Pour changer leur caractère, il faudrait changer leurs mœurs; jamais on n'y parviendra. Il ne faut donc pas compter sur eux comme travailleurs; à la vérité, une partie de ces Arabes s'est adonnée dans la régence comme en Égypte, et dès la conquête, à la culture des terres; mais ces Arabes agriculteurs sont peu nombreux, et leur fanatisme religieux établirait, entre eux et nous, une sorte d'antipathie bien difficile à surmonter.

On ne pourrait donc guère employer, aux travaux des terres, que les Maures (2), qui forment au plus la moitié de la population de la Régence, et qui habitent les villes et les terres entre le Petit Atlas et la mer; mais indépendamment des vices qu'ils doivent à leur caractère, à leur climat, au despotisme affreux sous lequel ils vivaient, et peut-être aussi, à une ancienne civilisation déchue, ce sont

(1) Ce sont les *Scenites* des anciens.

(2) Ce sont les anciens *Numides* et *Mauritaniens*, provenant des races primitives, très croisées par les peuples qui, tour à tour, ont conquis et habité le pays entre l'Atlas et la mer.

ces mêmes Maures qui, pour faire leur prière, se tournent encore vers la mosquée de Grenade, d'où ils ont été chassés depuis plus de 300 ans, et qui savent que nous sommes chrétiens, conséquemment les ennemis de Dieu et du Prophète et le leur. Le fanatisme de ces Maures nous repousse; ils ont le nom de *Franc* en horreur, et il faudrait un long temps pour les dompter ou les apprivoiser, quel que fût d'ailleurs leur intérêt de passer et de vivre sous une domination plus douce. Il serait donc bien à craindre que l'on ne pût s'établir dans le pays, et surtout en s'éloignant de la mer, sans être exposé à le priver d'une partie de sa population, et c'est précisément par *cette population seule* que ce pays pourrait valoir quelque chose pour nous.

Mais supposons que ce qui reste de Turcs soit exporté; que les koulourlis soient exterminés, les berbères et les bédouins contenus et les Maures soumis; comment gouverner, comment conduire, instruire aux travaux, des hommes dont la religion, les mœurs, les coutumes, la langue (1), sont

(1) La langue des Kabaïles est d'origine primitive et très-restreinte; la langue arabe varie plus ou moins dans chaque tribu.

Le dialecte des Maures dérive de l'arabe et varie dans chaque province.

La langue franque est assez généralement parlée dans les villes.

La langue française serait celle des contrats et des tribunaux : que l'on juge par là, de l'extrême difficulté de se faire entendre, et que de temps il faudrait pour arriver là !!!

si différens des nôtres ? que de mal-entendus, de querelles et de désordres n'en résulterait-il pas ? De quel œil verraient-ils l'abus que nos soldats font du vin que le Koran leur défend ? Le sang africain coule dans leurs veines ; leur amitié est vive, leur haine est sans retour et jamais sans vengeance ; où nous conduiraient notre légèreté, notre manque de respect pour les femmes ? Notre histoire toute entière est là pour nous avertir de ce qui adviendrait. Depuis Brennus, ce chef d'aventuriers courageux qui mit avec tant de présomption son épée dans la balance romaine, et dont l'histoire a bien quelque rapport avec celle de notre expédition d'Alger ; depuis Brennus jusqu'à nos jours, avons-nous gardé une seule de nos conquêtes lointaines ? rien ne résistait à l'audace, à l'impétueux courage des Gaulois, et nulle part ils ne firent d'établissemens, et ne conservèrent les pays conquis par eux. Les Français du moyen âge, et ceux de nos jours, ne ressemblent que trop à leurs pères ; ils ont fait de brillantes et immenses acquisitions et n'ont pas sçu les garder. Nous sommes allés partout, et on nous a chassés de partout. Cela tient à notre caractère léger, imprévoyant, méprisant, exclusif, destructeur ; nous avons tout ce qu'il faut pour conquérir, et rien de ce qu'il faut pour conserver.

Mais, dira-t-on, les Anglais ont soumis les Indiens dans l'Indoustan et nous avons soumis les *fellahs* en Égypte ; conséquemment on soumettra les kabaïles et les Maures algériens !!!

Mais vivant sous un climat et sur un sol où les besoins sont presque nuls et si faciles à satisfaire (1), les habitans de la presqu'île de l'Inde sont d'un naturel très-doux, et les Européens les ont trouvés façonnés aux travaux paisibles de la vie agricole et même de la vie industrielle. Les *fellahs* que l'on sait aujourd'hui être les descendans des anciens habitans de l'Égypte, du temps des *pharaons* (2), ont conservé leurs habitudes, leurs mœurs et leurs cultures, conséquemment leur caractère tranquille sous la main de tous les peuples qui les ont conquis et sous toutes les formes de gouvernement qu'ils ont subies. Les kabaïles, au contraire, accoutumés à une vie sauvage et rude, sans cesse aux prises avec des tribus ennemies ou avec les bêtes fauves, ont toujours les armes à la main et ne sèment guère que pour leurs besoins. Ils ne seraient pas faciles à apprivoiser. Il n'en sera pas de même des Maures; mais qu'ils sont loin d'avoir le caractère facile des Indous et des fel-

(1) Chaque Indien vit avec 14 ou 15 onces de karic et de haricots. Le karic est du riz préparé avec une sauce, dans laquelle il y a du safran et divers ingrédiens. Cette nourriture ne coûte pas deux sous par jour.

(2) On a trouvé dans les catacombes de la haute Egypte des portraits bien conservés depuis 2 ou 3 mille ans, et dont on retrouve le type dans les têtes des *fellahs* (paysans laboureurs) actuels. Ceux des villages ne s'allient qu'entre eux; leur figure n'a rien de la figure des peuples conquérans qui les ont dominés tour à tour : conséquemment ils ne ressemblent ni aux Arabes ni aux Turcs.

lahs!! Passionnés pour les exercices à cheval, pour les armes à feu et le maniement de la lance courte, ils y sont très-adroits et ils en font leur passe-temps favori. Ces paysans cultivateurs ont généralement le caractère guerrier; bien plus maniables que les arabes et surtout que les kabaïles, il serait cependant très-difficile de les assouplir aux travaux constans et régulier d'une colonie.

fficultés ovenant climat.

En admettant qu'on y parvînt avec le temps et beaucoup de prudence (et nous savons fort peu tirer parti de ces deux choses-là), nous aurions à combattre le climat, et il serait d'autant plus redoutable pour nous, que notre imprévoyance habituelle, excessive, nous livrerait entièrement à son action dévorante. Nés sous des latitudes et dans des pays tempérés, nous aurions beaucoup de peine à nous habituer à celui de la barbarie, surtout dans les plaines au pied du Grand et du Petit-Atlas. Selon notre usage, au lieu d'y adopter la manière de vivre des habitans dont la santé tient à leur grande sobriété, nous voudrions y conserver nos habitudes françaises; nous y mangerions beaucoup de viande; nous donnerions à notre estomac le même volume de nourriture que nous lui donnons en France; et comme, dans les pays chauds, les substances alimentaires, à poids égal, nourrissent la moitié plus, il s'en suivrait des transpirations abondantes et âcres, des fièvres malignes, putrides, des dissenteries qui emporteraient annuellement la moitié de nos colons ou de notre armée, et on ne disconviendra pas que ce qui se passe en ce moment, ne confirme complètement nos craintes pour l'avenir. Que serait-ce si, aux malheurs produits par le climat, se joignaient ceux qu'une administration sans prévoyance pourrait causer surtout dans l'armée!!! Les fautes de Bayonne en 1823, celles de Morée en 1827 et peut-être celles d'Alger en 1830, ne prouveront que trop tout ce dont nous sommes capables en pareil cas. Que serait-ce enfin si la peste y était portée par les régences voisines? que de malheurs ne causerait-elle pas dans un pays dont les habitans sont fatalistes et ne prendraient aucune précaution contre cette terrible maladie? Que deviendrait la colonie!!!

Ce n'est pas tout! on veut que nous établissions des colonies dans la régence! mais avons-nous tout ce qu'il faut pour les fonder et surtout pour les faire prospérer? Notre caractère, nos habitudes nous donnent-ils la sagacité nécessaire pour établir avec sécurité des calculs d'avenir et la ténacité indispensable pour préparer, suivre et mener à fin des entreprises de longue haleine? Connaissons-nous suffisamment le prix du temps, et ne le perdons-nous pas en causeries interminables? Avons-nous à un degré convenable l'habitude de l'ordre et surtout l'économie, cette économie de tous les jours, si nécessaire dans le courant et surtout dans les commencemens de semblables opérations? Ne sommes-nous pas trop prompts à nous rebuter au premier obstacle, à nous décourager et à tout abandonner, sauf ensuite à nous plaindre du sort et à rejeter sur lui des fautes dont nous sommes seuls coupables ? Ici notre histoire va encore répondre pour nous et le passé nous assurer de l'avenir !!!

Que sont devenus nos établissemens du *Canada*, de l'*Acadie*, du cap *Breton*, du *Mississipi*, du *Scioto?* Tant que cette dernière colonie fut dans nos mains, elle languit, lorsque autour d'elle de nombreux défrichemens, faits par des Allemands ou des Anglo-Américains réussissaient à merveilles ; bientôt, la plupart des colons français furent obligés de vendre leurs terres à ces voisins étrangers, et dès ce moment, la colonie changea de face. La *Nouvelle-Orléans* est restée en nos mains pendant 80 à 100 ans, et durant cette longue période, la population de cette ville n'a pu s'élever qu'à 7 ou 8 mille habitans. Les Américains possèdent la *Nouvelle Orléans* depuis 27 ans seulement, et déjà sa population est de 40 mille habitans, et s'accroît au printemps jusqu'à 60 mille âmes. Comparons nos établissemens dans la *Guyane* à ceux des Hollandais dans le même pays, et on verra qui de *Cayenne* ou de *Surinam* doit l'emporter.... Que sont devenus nos établissemens au fort *Joseph*, au fort *Podor* sur le *Sénégal ;* ceux sur la *Gambie* et sur le reste de la côte d'Afrique ? Quel parti avons-nous tiré des établissemens que nous avions commencés à *Madagascar* pour notre commerce avec cette île et la côte orientale d'Afrique, et surtout pour la préparation de l'huile des baleines que nous devions pêcher dans les mers australes? Que sont devenus nos beaux comptoirs de l'Inde et du Bengale, et cette *Chander-*

nagor, long-temps rivale heureuse de *Calcuta*? N'avons-nous pas consenti leur abaissement moyennant une espèce d'aumône que nous fait annuellement l'Angleterre qui la supprimera quand elle voudra? Quel parti savons-nous tirer de nos factoreries de Mascat et de Moka? Enfin que sont devenues ces Antilles dont deux ou trois seulement nous restent? et cette superbe Saint-Domingue, la richesse et l'orgueil de la métropole, que les Espagnols et les flibustiers nous avaient appris à cultiver, qu'est-elle devenue? Pourquoi se faire des illusions? Ne vaut-il pas mieux voir les choses ce quelles sont, et éviter des mécomptes toujours fâcheux et souvent désastreux?

Production d'Europe dans la Régence

Maintenant voyons si les produits d'une colonie algérienne donneraient des avantages tels que l'on pût être tenté de la fonder, et nonobstant les inconvéniens et les dangers dont nous avons parlé. Commençons notre examen par les denrées ou produits d'Europe.

Céréales.

Nous avons dit que la régence produirait et en grande abondance, toutes les céréales cultivées en Europe, et certe les mêmes terres qui fournissaient à l'ancienne *Rome* la majeure partie des subsistances nécessaires à ses 5 ou 6 millions d'habitans ne se sont pas épuisées par le long repos qu'elles ont subi depuis. A coup sûr, ces terres, après avoir nourri la population de la Régence, quelque accroissement qu'elle pût prendre, donneraient des excédans très-considérables dont les colons pourraient disposer; mais on sait trop bien que ces excédans, qui seuls constituent la richesse d'une colonie, ont besoin, pour être produits et successivement accrus, de trouver des placemens avantageux et sûrs. C'est parce que les Américains de l'*Union* ont trouvé des débouchés immenses en Europe, aux excédans de produits de leur sol, qu'ils ont porté en peu d'années ces excédans à une masse énorme, et que les bénéfices fabuleux qui en sont résultés, réagissant sur leur population, l'ont doublée en vingt-deux ans, et par contre-coup, ont doublé en onze ou douze ans (1) la valeur de leurs immeubles: or, voyons quels débouchés seraient ouverts aux produits en céréales de la régence d'Alger.

En 1789, nous avions une compagnie d'Afrique établie à *Bone*, à la *Calle*. Elle récoltait ou achetait des grains à *Bone*, à la *Calle* dans la province de *Constantine*, à *Alger*, *Oran*, *Arzeo*, *Merzalquivir* et même à *Tunis*, *Fez* et *Mogador*, et les revendait avec un bénéfice considérable à la côte de Provence et du Bas-Languedoc, que l'on sait ne recueillir des grains sur son sol, que pour se nourrir pendant environ deux mois. Cette compagnie tomba pendant la dernière guerre avec l'Angleterre, et elle eût pu se relever à la paix de 1815, si un honorable ministre (2), dont les inspirations ne furent pas toujours heureuses, n'avait eu la pensée d'ouvrir les ports français de la Méditerranée aux grains d'*Ukraine*, de *Podolie*, de *Bessarabie* et de *Taganrok*, qui pendant cinq ou six ans inondèrent la Méditerranée et tout le midi de la

(1) Warden, 1er vol., page 63.

(2) M. de Richelieu.

France, au grand détriment de nos finances et de notre agriculture méridionale qui en fut écrasée.

Or, la régence d'Alger ne pourra jamais, au moins de long-temps, donner à la France et aux autres peuples méditerranéens, des grains à aussi bon compte et même aussi bons que les grains de Russie; et voici pourquoi :

Dans toutes les provinces russes qui bordent les mers Noire et d'Asow, au Nord et à l'Ouest, les terres sont plus vierges et bien autrement productives que celles de l'ancienne Mauritanie. L'un des plus beaux et des meilleurs grains qui existent, celui de Taganrok, se récolte au Nord de cette ville dans le gouvernement d'Ekatherinoslaw, par des Cosaques ou des Calmouks dont la charrue est le plus souvent sans soc de fer et dont la terre donne 30 pour un de la semence(1). Or, les meilleures terres en Mauritanie, et ce ne sont pas les plus étendues, ne produisent que de 8 à 12 pour un de la semence. Le grain de Taganrok, dont se font les pâtes d'Italie, se conserve à merveille plusieurs années, et donne beaucoup et de beau pain, lorsqu'il est bien travaillé; les grains d'Odessa durs et même ceux qui sont tendres, se conservent passablement bien, et leur mélange donne de bon pain; tandis que les grains de la Régence rendent peu de pain, ne se conservent pas et sont attaqués dans la première année, par les papillons, ce qui nécessite leur consommation et conséquemment réduit

(1) Rabbe, 1er vol., page 175.

leur prix. Les grains russes seront apportés dans les ports des mers Noire et d'Asow par les fleuves (ou leurs nombreux affluens) qui se jettent dans ces mers et que la navigation par la vapeur fera parcourir avec rapidité ; ceux de la Régence, surtout ceux récoltés dans l'intérieur, ne pourront arriver à la côte et dans les ports d'embarquement, que par des caravanes dont la marche serait lente et coûteuse. En Russie, la main-d'œuvre est nulle, puisque le paysan est attaché au sol comme le bœuf ou le cheval ; dans la Régence, elle serait chère, car elle serait libre ; c'est-à-dire qu'elle serait basée, au moins, sur le prix de la nourriture et de l'entretien du Maure paysan et de sa famille. Or, cette journée se payant en ce moment 15 à 18 sous par jour, *de combien ne s'accroîtrait-elle pas*, si, des plantations se faisant, la main-d'œuvre était recherchée et devenait plus rare (2) !!! Dans les provinces russes dont nous avons parlé, le climat est très-favorable à la production des céréales et les récoltes y manquent rarement ; tandis qu'en Barbarie, la récolte des grains ou manque ou s'affaiblit beaucoup par des sécheresses trop prolongées, et surtout lorsqu'il ne pleut pas assez au mois d'avril.

C'est par tous ces motifs que le froment, par exemple, se vend *ordinairement* dans la Régence 8 à

(1) On peut hardiment affirmer qu'elle serait portée de suite à 30 sous, et cela paraît d'autant plus certain que la journée d'un *ouvrier* industriel se paie déjà, dans la régence, 30 et 35 sous dans toutes les saisons, et qu'elle se paierait bientôt 3 et 4 francs, si des établissemens coloniaux s'y formaient.

9 fr. le quintal marc, et que, rendu à Marseille, il coûterait au moins 10 à 11 fr., tandis qu'en Russie, le froment rendu dans les greniers de Taganrok, ne coûte pas au négociant au-delà de 3 fr. le quintal (1), et que, rendu à Marseille, il ne revient pas au-delà de 6 à 7 fr. — Les négocians russes pourront donc le donner à bien meilleur compte que les Algériens.

Et de combien cette différence ne tendrait-elle pas à s'accroître, si l'on était obligé d'entretenir dans la nouvelle colonie, une armée assez puissante pour la garantir, ainsi que ses cultures, de l'avidité et des pillages des tribus arabes qui l'avoisineraient et qui, toujours faisant la paix et toujours recommençant leurs courses vagabondes, sont des ennemis d'autant plus dangereux qu'ils sont, à la fois, partout et nulle part! Or, la partie des dépenses de cette armée qui devrait être appliquée aux exportations en grains de la colonie, suffirait seule, pour leur ôter la faculté d'entrer en concurrence avec les grains russes dans tous les ports méditerranéens.

Mais, dira-t-on, si les ports de la Méditerranée étaient fermés aux grains algériens, peut-être les ports de l'Europe, sur l'Océan, leur seraient-ils ouverts depuis Gibraltar jusqu'aux Orcades!! Sans doute ces grains pourraient, jusqu'à un certain point, arriver en concurrence *pour les prix*, dans les ports de Gibraltar, du Portugal et du Nord de l'Espagne avec les farines américaines; mais jamais

(1) Gamba.

peut-être, ou tout au moins de long-temps, ils ne les égaleront en qualité, et c'est cette belle qualité que la boulangerie anglaise recherche de préférence. Les Etas-Unis qui consomment tant de produits fabriqués et beaucoup de denrées apportées chez eux par la Grande-Bretagne, seraient en droit d'exiger d'elle la préférence pour la consommation de leurs matières de boulangerie et autres substances végétales dont ils apportent tous les ans en Europe pour 130 à 140 millions de francs (1). Mais ils n'auront pas besoin d'avoir recours à cet expédient, car si les Américains paient leur main-d'œuvre plus cher qu'on ne la paierait dans la Régence, en revanche leurs terres donnent le double et plus (2) en produits que celles de la Régence dont pourtant la fertilité est si vantée, et cette raison seule suffirait pour donner la préférence aux Etats-Unis, dans tous les ports de l'ouest de l'Europe, quant à égalité de prix, la belle qualité de leurs marchandises ne suffirait pas pour l'obtenir.

Enfin ce serait une erreur de penser que le voisinage de la Régence devant rendre la navigation plus courte et moins coûteuse; ce serait un motif de préférer les grains d'Alger aux farines des Etats-Unis; car on sait que les arrivages d'Amérique sont sûrs et prompts par les vents alisés, tandis que les arrivages

(1) Warden, 5e vol., page 601; et 1er vol., page 45.

(2) 25 *à* 40 *pour un* de la semence (Warden, vol. 4, pages 57, 415, 617).

de la Méditerranée en Angleterre, sont souvent contrariés par des vents du Nord constans (1); et cela est si vrai que le frêt et l'assurance de la Nouvelle-Orléans à Londres sont à peu près de 5 fr. par baril de farine et qu'il en coûte autant pour les expéditions de la côte de Barbarie.

Une autre considération vient à l'appui de cette opinion, et la voici : Si les denrées des tropiques étaient cultivées avec avantage dans la colonie d'Alger, la main-d'œuvre se porterait naturellement et de préférence, sur cette partie de culture, parce qu'elle donnerait des bénéfices quatre fois au-dessus de ceux provenant de la culture des céréales; en sorte que le pays n'en produirait que pour la nourriture des habitans et non pour fournir à des exportations. Il en est arrivé ainsi à l'île *Bourbon* où on ne cultive plus que du sucre de canne, de l'indigo, du café, etc., et où, par avidité, on a poussé l'imprudence au point de faire venir de la presqu'île de l'Inde le riz et surtout le maïs nécessaire à la subsistance des habitans ce qui, en cas de guerre contre les Anglais, forcerait la colonie à se rendre sans se défendre, pour ne pas mourir de faim (2).

(1) Ces vents du nord soufflent neuf mois sur douze dans la Méditerranée.

(2) L'île récoltait près de 300 mille quintaux marc de maïs seulement, et non compris le froment, le riz, les haricots. On a remplacé ces cultures par celle de la canne. On jugera par là, de combien les produits en sucre de la colonie ont dû s'ac-

Du moins, observera-t-on, la colonie aurait le droit de fournir des grains à la métropole dans les années de cherté qui, tous les cinq ou six ans, viennent affliger nos provinces et les populations pauvres de nos villes de France! Mais nous avons démontré que les Russes pourront arriver dans nos ports en concurrence et avec avantage pour eux, *dans les prix*, et il ne nous est pas permis de les exclure par des prohibitions contre eux, au profit de la colonie, car ils nous répondraient par des prohibitions sur nos soieries, ce qui ferait beaucoup de tort à nos fabricans de Lyon et à nos agriculteurs du midi, sans que la colonie fût en état de les indemniser. D'un autre côté, pour que la colonie pût venir au secours de la métropole dans les années disetteuses, il faudrait qu'elle eût pu prévoir cette cherté un an d'avance et avoir semé en conséquence pour se procurer des excédans en grains, ce qui est impossible; mais voici qui répond à tout :

croître depuis peu d'années. C'est sans doute cette circonstance qui a pu induire en erreur ceux qui, accusant la bonne foi des colons, ont dit : « Que les colonies ne produisaient pas, « il y a quelques années, au-delà de 60 millions de livres de « sucre, terme moyen par année; que cependant elles en li- « vraient aujourd'hui à la métropole 100 millions de livres, « d'où on devait conclure que les colons en achetaient 40 mil- « lions de livres des Anglais ou des Espagnols à 35 francs les « 100 livres, qu'ils revendaient ensuite à la métropole, *et « comme de leur crû* à 50 francs. » Ce qui leur donnait un bénéfice illicite de 6 millions de francs par an.

La France, dans ses années d'abondance, ayant des excédans beaucoup plus que suffisans pour combler ses *deficits* dans les années disetteuses, il suffisait de trouver un moyen peu coûteux de conserver ces excédans des années abondantes pour parer aux besoins dans les années chères, et ce moyen est enfin trouvé (1). Or, ce moyen de conservation pouvant dispenser la France de recourir à l'étranger, lui épargnera les sommes considérables qui, dans les années chères, enrichissaient à nos dépens les grands spéculateurs du nord, ou qui servaient à agrandir et embellir les villes russes des mers Noire et d'Asow, ou celles qui s'élèvent sur les bords et les affluens du Mississipi.

De tout ce qui précède, il paraît démontré que la colonie d'Alger, avec la faculté de produire beaucoup de céréales, y trouverait peu ou point d'avantages, soit avec sa métropole, soit avec les marchés européens, et qu'en conséquence ce n'est pas vers cette branche de culture qu'elle aurait intérêt à diriger ses spéculations. Examinons si elle trouverait plus de profit dans le commerce des laines, et conséquemment à élever de nombreux troupeaux.

Les laines connues sous la désignation de laines de Barbarie sont généralement peu fines, mais très- Laines

(1) Par ce moyen, les grains, les farines, et même les avoines se conservent très-bien et indéfiniment, et à 50 pour cent au-dessous de ce qu'il en coûte à la ville de Paris pour la conservation de sa réserve.

longues ; elles ont du nerf et de l'élasticité ; elles servent principalement, dans le midi de l'Europe, à la confection des matelas pour lesquels nos laines communes sont très-courtes et faciles à se pelotonner. Elle servent aussi à faire quelques draps grossiers ; mais tout cela est peu de chose et compte à peine pour 3 ou 400,000 fr., dans les 9 ou 10,000,000 de francs en laines que nos fabriques tirent chaque année d'Espagne, des Pays-Bas, de Saxe et de Russie.

Sur 35 millions de moutons existans en France, à peine comptons-nous un million de mérinos purs, et 3 millions de métis (1). On voit par là, tout ce qui reste à faire pour améliorer nos laines, et cependant le résultat de ces améliorations serait séduisant, car le prix moyen d'une toison de laine pure est de 8 fr. à Paris, et dans nos montagnes méridionales de la France, qui forment le sixième de la surface du royaume, cette même toison en laine grossière, ne vaut que 30 à 40 sous, et le moment n'est pas éloigné où une grande partie de ces laines grossières ne trouvera plus d'emploi dans nos fabriques de draps communs, parce qu'on veut s'habiller partout avec des draps plus fins, à la fabrication desquels on emploiera des laines étrangères, de préférence aux nôtres, attendu qu'elles sont moins chères, malgré les

(1) Les pluies de l'automne et les froids de l'hiver derniers ont fait périr en France, une immense quantité de moutons, et les troupeaux de laine fine ont particulièrement souffert ; ce qui réduit de beaucoup le chiffre que nous avons donné.

droits d'entrée qu'elles paient dans nos ports, et les frais de transport qu'elles ont à supporter pour arriver de là dans nos fabriques.

Il s'en suit que, loin de songer à nous procurer des laines étrangères de la Régence ou d'ailleurs, nous devons chercher à accroître et surtout à améliorer les nôtres. Cela est d'autant plus urgent que déjà d'immenses troupeaux de mérinos purs (1), élevés en *Bessarabie*, et en *Tauride*, sur la mer Noire, où on a établi des lavoirs d'une grande perfection, envoient leurs laines à Marseille et jusqu'à Paris, pour alimenter nos belles fabriques de Normandie et de Picardie, et avec des bénéfices en leur faveur, tels, qu'une toison qui vaut à peu près 8 francs à Paris, ne leur coûte pas, rendue à Marseille, au-delà de 30 à 40 sous. Cela se comprend facilement, lorsqu'on sait que ces troupeaux vivent constamment en plein air, comme ceux d'Espagne et de la Camargue, dans des steppes immenses dont l'achat coûte peu, dont les impositions sont presque nulles, et qu'ils sont soignés par des bergers qui tiennent au sol et ne coûtent rien; au lieu que chez nous, les prairies naturelles ou artificielles, les bergers, les constructions, les réparations des bergeries, des greniers à fourrages, les impositions nous causent des dépenses énor-

(1) M. Vassal a un troupeau de 60,000 têtes dans *la Tauride*. Ceux de MM. de St-Priest, Plan, Pictet, etc., ne sont guère moindres. Dans vingt ans, la Russie méridionale aura plus de mérinos à elle seule, que toute l'Europe ensemble.

mes (1) ; d'où il suit, qu'autant par l'abondance et la finesse des laines russes que par leur bas prix, la colonie d'Alger, ne pourrait, au moins de long-temps, lutter avec la Russie méridionale, sur les marchés Européens et sur les nôtres, et qu'elle devrait renoncer à agrandir chez elle cette branche de culture. Nous disons que la Régence ne pourrait pas lutter avec la Russie pour l'abondance et la finesse de ses laines, parce que la providence a voulu que la laine d'un mouton fût plus fine ou plus serrée, conséquemment plus chaude, à mesure qu'il vit dans un pays plus froid en hiver, et que la Régence est beaucoup plus chaude que les provinces russes des bords de la mer Noire ; nous disons qu'elle ne pourrait pas lutter pour les prix, parce que nous ne pourrons pas plus protéger les laines de la Régence que ses grains, par des tarifs trop élevés, et qui

(1) Nos richesses rurales et immobiliaires, et y compris le mobilier nécessaire pour leur exploitation, étant évaluées à 37 milliards, et nos bâtimens ruraux et leur mobilier étant évalués six milliards, ces bâtimens comptent pour le sixième de la valeur de nos richesses rurales. Or, l'intérêt de ces six milliards à 5 pour cent serait de 300 millions, somme qui dépasse l'impôt foncier qui n'est que de 289 millions!!! Si, à ces 589 millions d'intérêt ou d'impôt, on ajoute les dépenses pour réparations *annuelles*, on jugera par cette partie seule de nos dépenses, combien l'agriculture est chère en France, surtout comparativement à l'agriculture russe! Il faut en conclure que notre sol a vieilli, qu'il est épuisé et qu'*il finit*, lorsque le sol russe et le sol américain *commencent*.

équivaudraient à des prohibitions contre les Russes, et nous avons donné plus haut les raisons qui s'opposent à ces prohibitions.

De ce qu'on a trouvé dans les magasins du dey Cuir
d'Alger une grande masse de cuirs bruts, qui ont été ou seront vendus au profit de la France, on a pu être porté à croire que la Régence en recueillait annuellement une grande quantité, qu'elle vendait ensuite à l'Europe : on s'est trompé. Ces cuirs s'étaient accumulés à Alger surtout par le blocus, soit en paiement des tributs, soit par des spéculations du dey, pour être vendus plus tard et lorsque la mer serait libre. Sur 8 à 9 millions de francs que nous payons annuellement aux étrangers et surtout à l'Amérique du Sud, en achats de cuirs, à peine la côte de Barbarie nous en envoie-t-elle pour la vingtième partie de cette somme. La Régence nourrit et élève beaucoup de bœufs, et elle en expédie sur Mahon, sur l'Espagne et à Malte; mais on y mange peu de viande, parce que sa consommation habituelle annoncerait de l'aisance et la crainte qu'on a des *avanies*, fait que tout le monde veut paraître pauvre, et vit en conséquence. Les *Bédouins* que leurs déserts mettent à l'abri de ces avanies, n'en mangent pas d'avantage, et cependant elle est chère dans les villes de la Régence qui bordent le littoral, car le bœuf s'y vend 7 à 8 sous et le mouton 8 à 9 sous la livre marc. Du reste, la Mauritanie qui, comme tous les pays chauds, n'a que de mauvais pâturages surtout en été, ne produira jamais autant et surtout à aussi bon compte et en

aussi belle qualité, des peaux brutes, que les steppes au nord-ouest de *Buenos-Ayres* (Amérique-Sud). Ces déserts sont couverts de troupeaux de bœufs sauvages que l'on chasse à certaines époques de l'année, uniquement pour avoir leurs peaux. La Russie seule pourra arriver sur les marchés européens, en concurrence avec cette partie du Nouveau Monde. Les steppes au nord et à l'est de la mer *Caspienne* et à l'est du Volga, nourrissent d'innombrables troupeaux de moutons et de bêtes à corne qui n'y ont presque aucune valeur; mais lorsque le petit canal de Kamichine, qui joint le Volga au *Don*, sera achevé (et on y travaille), les cuirs venant de cette partie du monde, apportés à Taganrok par des bateaux à vapeur, se vendront à vil prix sur les marchés méditerranéens et ceux de la Régence ne pourront lutter avec eux, ni pour les prix, ni pour les qualités. C'est par la même raison, que les 60 ou 70 mille cuirs que le Mexique envoie annuellement à l'Europe ou aux États-Unis, ne lui donnent que peu ou pas de bénéfice à cause de la cherté du transport de *Mexico* à la *Vera-Cruz* (1) qui se fait à dos de mulet, et qui renchérit beaucoup la marchandise.

La côte de Barbarie donne quelque peu d'huile comestible à la France, qui en tire annuellement de l'Italie et de l'Espagne pour 15 à 16 millions de fr. Il faudrait attendre trente ans un accroissement de produit sous ce rapport, et des colons s'attacheraient

(1) Il y a 84 lieues et demie de distance.

difficilement à une branche d'agriculture dont il faudrait attendre aussi long-temps les bénéfices.

Cire.

Elle envoie aussi à l'Espagne, à l'Italie et à la France quelque peu de cire; mais ces expéditions sont trop peu importantes pour qu'on doive les mentionner ici.

Soies.

Sans doute les vallées de l'*Atlas* et les plaines au nord de cette chaîne de montagnes, verraient croître de beaux mûriers, et donneraient probablement de la belle soie. Nous trouverions là, une partie des 35 à 40 millions (1) de soie brutes qui nous manquent chaque année pour alimenter nos fabriques (2). Mais que d'années il faudrait attendre pour recueillir le fruit des plantations à faire dans la colonie !!! D'un autre côté, s'il est reconnu que, dans nos contrées tempérées, les nourritures de nos vers sont exposées à périr soit par des orages violens, soit lorsque les vents chauds du midi règnent trop long-temps; comment espérer les sauver sous une latitude où les ouragans sont plus violens, plus fréquens que les nôtres; ou bien, lorsque le terrible *Semoûm* soufflerait sur eux! Combien ces causes seules suffiraient pour rendre les récoltes incertaines, et les faire man-

(1) Ier vol. des *Annales d'agriculture*, page 337.

(2) On cultive des mûriers, et les femmes maures élèvent des vers à soie dans la Régence. Les soies qu'on en retire s'emploient dans des fabriques établies à Alger, qui s'alimentent surtout avec des soies du Levant et dont les produits sont très-beaux, mais plus chers que les soieries lyonnaises.

quer souvent, au moins dans les grandes magnaneries!!!!

Mais il est une raison bien autrement décisive pour empêcher que cette branche de culture soit suivie dans la colonie d'Alger et la voici :

Nos productions en soie ont été jusqu'à présent, le principal revenu de nos contrées méridionales. Le gouvernement, dans de bonnes intentions sans doute, a cherché depuis quelques années, et par tous les moyens en son pouvoir, à augmenter ce produit en France, en l'étendant le plus possible, vers le nord du royaume, sous le prétexte assez plausible que nous devons nous affranchir du tribut annuel de 40 millions que nous payons à l'étranger en soies brutes. Mais en supposant que cette évaluation moyenne ne soit pas un peu forcée, n'avons-nous pas la certitude que de cette somme payée à l'étranger chaque année, il faut déduire ce que nous sommes forcés de demander annuellement aux Italiens, en *soies fortes* pour nos trames ou nos organsins et que le climat de la France n'a pu produire jusqu'à présent, et qui cependant sont indispensables pour donner à nos étoffes lyonnaises le nerf et les autres qualités qui leur manqueraient sans cela? Que si notre assertion est exacte, et si, comme nous sommes portés à le croire, le gouvernement parvient, par ses primes et ses encouragemens, à doubler les produits de la France en cocons, en provoquant des plantations de mûriers dans les départemens du centre et du nord de la France, n'est-il pas permis de penser que plus ces produits se récolteront loin de nos provinces méridionales, plus ils seront défectueux et que, pour en atténuer les défauts, nous serons forcés de demander à l'étranger, proportion gardée, plus de soies fortes qu'à présent? Si ce raisonnement est juste, et il nous paraît incontestable, le gouvernement n'aurait-il pas mieux fait, dans l'intérêt des fabriques et des consommateurs, de se borner à multiplier ces produits dans ceux de nos départemens qui, depuis si long-temps, les possèdent et semblent en droit de les donner meilleurs? Peut-être pour cela n'eût-il fallu qu'attendre, et peut-être, mieux informé, le gouvernement eût-il attendu En effet, depuis 12 ou 15 ans de nombreuses plantations ont été faites dans nos départemens méridionaux, et avant 20 ans, nos récoltes actuelles auront doublé et triplé, sans le secours des départemens plus au nord. Du moins la qualité de cette soie eût conservé dans l'intérieur et à l'étranger, la réputation justement acquise de nos fabriques, et c'est un point décisif à observer, si on veut considérer que déjà les produits américains paraissent devoir bientôt nous fermer les débouchés du Nouveau-Monde, et que dès 1826, les soies unies des provinces méridionales russes ont paru dans les foires d'Allemagne, en concurrence avec les nôtres, et avec un tel désavantage pour nous, *dans les prix*, que nous pouvons, non-seulement entrevoir, mais calculer très-approximativement l'époque où le nord de l'europe nous sera fermé et que nous ne pourrons nous garantir des productions russes, dans l'intérieur de la France, que par des lignes de douanes toujours coûteuses et toujours insuffisantes à cause de la contrebande, lorsque le prix sont si différens et lorsque la marchandise a autant de prix sous un petit volume.

Quoi qu'il en soit, il n'est pas moins constant que les plantations nouvelles faites dans le midi de la France et qui déja commencent à donner des produits, suffiront et bien au-delà, et sans le secours des plantations qui se font dans le nord du royaume, pour nous affranchir du tribut annuel que nous payons à l'étranger, *en soies ordinaires*. Cela nous paraît d'autant plus certain que la concurrence étrangère dont nous avons parlé, ne peut que réduire la masse de nos fabrications, telle supériorité qu'elles puissent conserver long-temps encore. Dans tous les cas, il est démontré que, soit par l'incertitude des récoltes, soit par le peu de facilité que la colonie aurait à leur trouver un emploi, soit enfin parce que le colon qui s'expatrie pour faire fortune rapidement, ne s'attachera pas à une culture dont les résultats sont aussi incertains, aussi tardifs, cette branche d'agriculture ne recevrait pas, quoi qu'il arrivât, un grand développement dans la Régence d'Alger.

bstances inérales.

On assure que les montagnes de l'Atlas abondent en richesses minérales de toute espèce; mais on n'a rien de bien certain à cet égard. On sait seulement que le plomb et le fer y sont communs.

Plomb.

Dans les montagnes de *Boni-boutaleb* et *Ouannaseris* et dans celles de la province de *Trémécen*, un quintal de minerai donne 70 à 75 livres de plomb, ce qui produira de grands avantages à ceux qui l'exploiteront.

Mais la France aussi est riche en mines de plomb. Elle en possède un grand nombre et elle n'en exploite que 36, dont les plus riches sont dans l'*Isère*, le *Finistère*, la *Lozère*, la *Loire*, le *Bas-Rhin*, et nous mettront bientôt à même, quand nos canaux seront achevés, de nous passer des plombs dont l'Angleterre nous envoie annuellement pour 5 ou 6 millions de francs.

Mais telles riches que soient ces mines, elles ne le sont pas autant, à beaucoup près, que celles des montagnes espagnoles au nord et à 3 lieues du port d'*Alméria* qui sont formées entièrement de ce métal et dont le quintal de minérai donne 80 livres de plomb. Elles en fourniraient aux besoins de tout le globe. La richesse de ces mines, leur voisinage d'un port de mer qui facilite le transport de leurs produits dans tous les ports de la méditerranée et de l'Europe, et à peu de frais, a forcé notre gouvernement de favoriser les plombs français par des droits d'entrée sur les plombs espagnols, dont autrement ils n'auraient pas pu supporter la concurrence.

Il suit delà, que, quoi qu'il arrivât, les plombs algériens ne seraient pas reçus en France et qu'ils auraient de la peine à rivaliser sur les marchés européens avec les plombs espagnols d'*Almeria*, parce que ceux-ci sont plus riches et surtout très-près de la mer, tandis que la plupart des plombs algériens étant éloignés des points d'embarquemens, les frais de transport par terre, qu'ils auraient à supporter pour arriver des mines dans les ports, seraient très-chers, tant qu'ils se feraient par caravanes et même lorsque des chemins praticables aux charrettes y seraient établis.

Du reste l'on serait tenté de penser que ce qu'on dit des mines de plomb de la Régence et de la facilité qu'on a de les exploiter est exagéré, lorsqu'on voit qu'Alger elle-même, tire habituellement de France ou d'Espagne les plombs dont elle a besoin ; mais il est probable qu'elle n'a recours aux plombs étrangers que par la difficulté qu'elle éprouve de faire arriver chez elle, ou dans tout autre port de la Régence, les plombs recueillis dans les montagnes dont nous avons parlé et que les moyens de transports locaux actuellement existans rendraient trop chers. En effet, ces moyens de transports ne peuvent être appliqués qu'à des marchandises ayant beaucoup de valeur et peu de poids; et le plomb a, au contraire, beaucoup de poids et peu de valeur.

Tout annonce qu'il y a beaucoup de fer dans la chaîne de l'Atlas : il est exploité sur quelques points, notamment dans les montagnes de *Bugie*, de *Doui*, de *Zickar*, et ces dernières sont les plus riches. Les *Kabaïles* l'exploitent au moyen des forges dites Catalanes, et le portent en petites barres dans les villes voisines. Ce fer paraît être très-bon.

Jamais, quoi qu'il arrive, le fer de l'Atlas ne sera admis en France d'où nous avons exclu les fers de Suède et de Russie, par des droits énormes contre eux, pour protéger les exploitations françaises que nous avons établies dans 52 de nos départemens, dont les plus riches sont : la *Haute-Marne*, la *Haute-Saône*, la *Côte-d'Or*, la *Nièvre*, la *Dordogne*, la *Meuse*, les *Ardènes*, l'*Isère*, le *Cher*, l'*Aude*, les *Pyrénées-Orientales*, l'*Arriége*, etc., et dont le produit annuel dépasse 3 millions 200 mille quintaux marc.

Par la même raison, ces fers africains ne pourront, au moins de bien long-temps, entrer en concurrence sur les marchés européens, avec les fers russes et suédois dont nous avons parlé, pour les qualités et surtout pour les bas prix. En effet, quand ces fers du nord n'arriveraient pas déjà dans la Méditerranée à meilleur compte et en meilleure qualité que tous les fers connus, ceux des *Ourals* descendant vers la mer Noire par les bateaux à vapeur qui iront les chercher jusques dans l'*Ouffa* et la *Tchoutchovaya*, s'y rendront sans concurrence par leurs bas prix et leurs qualités si éminemment supérieures à ceux de tous les fers européens ; or, de long-temps les fers de l'Atlas ne paraîtront dans les ports méditerranéens, fussent-ils aussi bons qu'on le dit, parce que, le défaut de routes des montagnes à la mer rendant leur transport fort cher, augmentera leur prix et les repoussera de partout. Alger elle-même reçoit nos fers parmi les marchandises qu'elle importe de France, et les emploie de préférence aux siens, sans doute, comme nous l'avons dit précédemment, parce que le défaut de communications intérieures l'empêche de s'en servir.

Tels sont les principaux produits européens que la côte de Barbarie pourrait donner, et l'on a vu qu'elle trouverait peu d'avantages dans leur culture ou leur extraction. Examinons si la production des denrées des tropiques lui serait plus favorable, ou lui promettrait plus de succès.

nrées niales. ucre.

L'on a observé que la température moyenne qui convient le mieux à la culture de la canne à sucre, est de 24 dégrés centigrades, et qu'elle peut être cultivée, avec succès, partout où la chaleur moyenne de l'année ne descend pas au-dessous de 19 dégrés. Il suit de là que la canne à sucre peut donner des résultats avantageux dans les plaines au nord et au midi de l'Atlas, où la température moyenne de l'année est de 21 dégré et demi.

On a également constaté que le vezou (1) ou le suc exprimé de la canne à sucre, est bien moins sucré à mesure de l'élévation du sol sur lequel la plante végète, ou ce qui est égal, à mesure que la canne se récolte à des latitudes plus froides; il paraît avéré aussi que le vezou donne plus de sucre cristallisable à mesure que la climature est plus chaude. Ces remarques ont été faites en Murcie, aux Antilles, dans la Louisiane, au Mexique et au Pérou. Il suit de là que la canne donnera plus de sucre dans la plaine de Métija, et au midi de l'Atlas que sur les flancs de cette chaîne de montagnes. Par la même raison, la canne récoltée dans la Régence, et du 34e et 37e dégré de

(1) D'Auberteuil, IIe vol., p. 172.

latitude, ne donnera pas autant de sucre que celle récoltée, par exemple, à la Havane et à la Jamaïque, c'est-à-dire sous la latitude de 18 à 22 dégrés. Cela est si vrai que, aux Etats-Unis, si la canne à sucre croît, dans les lieux bas et abrités, jusqu'au 39e dé-gré, il n'est pas moins certain que le climat favorable à sa culture, dans cette belle partie du Nouveau Monde, n'y dépasse pas le 31e dégré et demi; or, comme d'un autre côté, la journée du nègre à la Havane, par exemple, est moins chère d'un quart que celle du Maure libre, en calculant cette dernière à 25 sous seulement, il en résulterait que le sucre des Antilles coûtera beaucoup moins que celui de la Régence, malgré la différence du fret et de l'assurance. C'est probablement par cette raison, que le Pacha d'Egypte, qui avait essayé de cultiver la canne à sucre sur le Nil, ne paraît pas avoir eu de grands résultats, au moins jusqu'à présent, malgré le bas prix de sa main-d'œuvre plus faible de moitié que celle de la Régence. Le fait suivant expliquera mieux tout cela.

Dans les Grandes Indes et notamment au Bengale, la population est tellement nombreuse, et ses besoins si faciles à satisfaire, que la journée d'ouvrier n'y coûte que 4 à 5 sous; c'est-à-dire le quart de ce que coûte le nègre dans les Antilles. D'un autre côté, le sol y est tellement fertile et si bien abrité du nord, par la haute chaine de l'*Himmalaya*, qu'il produit le double de celui des Antilles, et que le vezou y donne un tiers de matière sucrée de plus que celui de la Jamaïque; d'où il suit que, dans l'Indoustan, le sucre se vend deux sous et demi la livre marc, c'est-à-dire moins de moitié de ce qu'il coûte sur le marché de Cuba et de la Martinique. Aussi ce sucre des Grandes Indes arrive en Europe après un trajet de 5,000 lieues, à bien meilleur compte que celui des Antilles qui n'a à parcourir qu'un trajet de 1,800 lieues et cela malgré l'énorme différence du frêt et de l'assurance (1). Or, comme celui qu'on récolterait dans la Régence, reviendrait, ainsi que nous l'avons dit ci-dessus, à un prix plus élevé que celui des Antilles, il est clair que celui des deux Indes, et surtout celui du Bengale, aurait une grande préférence sur tous les marchés européens; et de combien cet avantage ne s'accroîtrait-il pas, s'il fallait, par l'établissement d'un droit quelconque, faire ajouter au prix du sucre récolté dans la Régence, la partie qui lui serait afférente des dépenses de la métropole pour l'entretien de l'armée d'occupation, de la marine, etc. !!!

Il est vrai que chaque jour la traite des noirs, pour nos colonies, étant plus gênée par les croiseurs anglais, et les nègres de contrebande étant nécessairement et successivement plus chers, lorsqu'ils sont rendus sur les habitations, les bénéfices des colons français aux *Antilles* et à *Bourbon* se réduiront peu à peu (1) jusqu'au moment où ils seront forcés de s'arrêter de

(1) Il en arrive aussi en Europe de la Chine, des îles de Luçon, de Ceylan, etc.

(2) Nous disons que les bénéfices des colons se réduiront, parce que nous ne pourrons plus supporter comme consomma-

guerre lasse, ou par une rupture avec les Anglais, et d'abandonner leurs habitations. C'est par cette raison, que les colons de l'île Bourbon ont essayé de remplacer leurs nègres par des Chinois ou des Indiens libres, qu'ils avaient fait venir de Ceylan et de la presqu'île de l'Inde; mais ces hommes industrieux et doux auraient voulu être menés avec douceur; nos colons les maltraitèrent, et il fallut les ramener où on les avait pris. Cette faute fut un grand malheur et tôt ou tard la colonie en portera la peine. Toutefois on est forcé de convenir que, si de nouvelles tentatives pour employer ces Indiens libres, venaient à réussir, il faudrait leur payer des journées beaucoup plus fortes que celles payées par les Anglais sur le continent indien, et cette augmentation ajoutée aux frais de voyage de ces manœuvres pour venir du continent indien à Bourbon et pour retourner dans la presqu'île, rendraient le sucre récolté à Bourbon plus cher que celui des Anglais; et, en supposant, ce qui ne peut pas être, que le sucre de l'île française ne fût pas plus cher que le sucre anglais de l'Indoustan, cette nation jalouse trouverait bientôt le moyen d'empêcher ces émigrations d'Indiens travailleurs, et de les occuper pour son compte, afin de faire tomber nos établissemens à Bourbon.

teurs, une partie de ces pertes. Nous leur faisons déjà un grand sacrifice en ne favorisant pas davantage, et à leur détriment, nos producteurs de sucre de betterave indigène dont nous récoltons près du 10e de notre consommation totale.

Que si nos colonies étaient abandonnées, nous serions forcés d'accroître nos fabriques de sucre de betteraves, ou de combler notre *déficit* par du sucre de l'Indoustan ; ou, ce qui serait bien mieux, *de réduire notre consommation de tout ce que nos fabriques françaises ne pourraient pas produire ;* car la plus grande partie des 40 millions de francs en sucre, que nous payons chaque année, à nos colonies, et qui font à peu près les 9/10es de notre consommation totale, s'employant avec le café dont elles nous envoient pour 22 millions de francs, ce qui n'est pas la moitié du café que nous consommons chaque année, il n'en résulterait pas seulement une grande économie d'argent sur un objet à peu près de luxe, dont nous avons fait un objet de nécessité ; les peuples prenant moins de café, consommeraient plus de vins, ce qui serait d'une très-haute importance pour nos pays de vignobles (1), et, ce qui serait peut-être plus important encore, il en résulterait dans l'économie animale en général et dans le système nerveux en particulier, une amélioration dont les générations présentes auraient à s'applaudir et dont celles à venir nous sauraient gré.

Ces observations paraîtraient, ce nous semble, mériter d'autant plus d'être prises en considération,

(1) Peut-être le gouvernement devrait-il chercher les moyens de ramener les peuples vers le but que nous indiquons. Quand les exhortations et les exemples partent *de haut*, ils arrivent et sont imités rapidement, d'abord par les premières et ensuite par les autres classes de citoyens.

que la consommation du sucre et du café s'étend et s'accroît rapidement en France, et l'on est effrayé lorsque l'on voit jusqu'où elle peut se porter. Ainsi, nous consommons annuellement, en France, trois livres et demie de sucre par tête, dont 9/10es en sucre de canne et un 1/10e en sucre de betteraves; chaque Anglais en consomme 25 livres, et chaque Anglo-Américain en consomme 30 livres. Que de raisons pour désirer que le gouvernement favorise, *par tous les moyens possibles*, la culture du sucre de betteraves en France, jusqu'à ce que nous puissions proscrire les sucres étrangers, et celui de la Régence serait de ce nombre!!! que de raisons surtout, pour que le gouvernement cherche à réduire, par tous les moyens possibles, la consommation de cette denrée!!!

Sous les Tropiques, un plant de cafier donne, suivant la qualité du sol où il est planté, depuis une demi-livre jusqu'à 2 et 3 livres de café; mais, terme moyen, il ne donne qu'une livre marc (1). A Bourbon, où les terres sont plus riches en débris volcaniques, elles rendent un peu plus, et ce produit est bien plus abondant au Bengale; enfin, planté sur une terre plus élevée ou plus au nord, ou moins abritée, le plant de cafier donne moins. Du reste, la main-d'œuvre a sur ce grain, la même influence que sur le sucre et sur

(1) Les documens fournis par les autorités de Cayenne indiquent seulement *demi-livre marc* par plant de cafier; mais ces documens ne sont pas exacts; ils accusent un produit trop faible de moitié au moins.

toutes les denrées coloniales; aussi est-il à plus bas prix dans l'Inde qu'à Bourbon, et qu'aux Antilles, et serait-il plus cher *dans la Régence* que sous les régions de la zône torride, parce que la main-d'œuvre, les frais d'administration y sont plus chers et les produits moindres.

On peut juger par l'exemple suivant, de combien les frais accessoires renchérissent le prix de la denrée. Le café de l'*Yemen* coûte ordinairement rendu à Moka, 10 sous la livre marc. Les droits seuls perçus à Moka et Suez, équivalent à l'achat; si, à cela, on joint le frêt jusqu'à Suez, le transport par caravane jusqu'à Alexandrie, il ne faut pas s'étonner s'il se vend dans cette échelle, 35 à 40 sous, et si on l'achète 45 à 50 sous à Marseille et 3 francs à Paris.

Du reste, nul doute que le café ne pût se cultiver dans la Régence, puisque la chaleur nécessaire à sa prospérité est la même que pour le sucre; mais comme un hectare de terrain produit plus en sucre qu'en café, on cultive, de préférence, le sucre. C'est par cette même raison que les colons américains de la *Louisiane* cultivent seulement du sucre, et font venir pour leur consommation, du café des Antilles.

Une autre raison fait préférer la culture du sucre à celle du café. Il faut attendre 5 à 7 années pour que le cafier soit en grand produit, et j'ai déjà dit que les colons n'aiment pas attendre long-temps le résultat de leurs avances. Ensuite, lorsque les cafiers meurent en détail, chaque année, et qu'on veut les remplacer par des jeunes plants, il faut que la terre soit bien neuve, bien riche, pour que ces jeunes plants puissent végéter et prospérer; car, dans les terres exploitées depuis long-temps, même à Bourbon, ces jeunes plants ne viennent plus, soit que la terre épuisée ou fatiguée ne puisse plus les nourrir; soit que les racines du vieux plant mort empoisonnent les racines du jeune plant, ainsi que cela a lieu pour le mûrier en France; soit que les racines des plants voisins étouffent celles du jeune plant; soit enfin que la terre, se lassant plus promptement de cette culture très-épuisante, ait besoin de se reposer par un autre genre de production moins fatigant pour elle (1).

Dans tous les cas, la culture du *sucre*, dans la Régence, étant trop chère, celle du café est moins avantageuse encore pour lutter avec les cafés des Antilles, de l'Indoustan et même avec les cafés d'Egypte, dans les marchés européens.

Aux Etats-Unis, le coton peut réussir sous le 39e degré de latitude; mais sa culture ne prospère qu'en dessous du 37e, il peut donc se récolter dans la Régence d'Alger, du 34e au 37e degré, excepté sur les flancs élevés du Petit et du Grand Atlas. Il est vrai qu'aux Etats-Unis, les fleuves versant au midi, l'angle terrestre y est plus exposé à la chaleur du soleil que dans la Mauritanie, où les établissemens se feraient d'abord, dans le voisinage de la

Co

(1) Lorsqu'une plantation de cafiers *récépés* vient à périr, elle laisse la terre tellement épuisée qu'elle ne peut plus convenir qu'à la culture du coton.

côte et au nord des montagnes, dont les versans, coulant vers la Méditerranée, sont plus exposés à l'influence des vents froids, et la belle et riche plaine de Métija est dans ce cas ; mais, en revanche, il est reconnu que, sur le continent américain, les influences pôlaires se font sentir à des latitudes plus méridionales que dans l'ancien continent, tant à cause des lacs et des fleuves nombreux du Canada qui avoisinent, au nord, les états de l'Union et qui en réfroidissent l'atmosphère, que parce que, sur cette partie du globe, il n'y a pas entre le pôle et les Etats-Unis de montagnes élevées qui abritent ces provinces des influences pôlaires, comme dans l'ancien continent, et surtout comme dans l'Indoustan.

En Syrie, on récolte du coton jusques sous le 40e degré et sur les bords de l'*Oronte* ; mais il n'y vient que dans le fond des vallées et encore cette partie de la *Syrie* est-elle abritée des vents du nord par les hauts plateaux du Pachalic d'Erzeroum et les montagnes de l'Arménie.

Ainsi nul doute que le coton ne prospérât dans la Régence algérienne (1) ; mais cette branche de culture y est soumise aux mêmes influences que les autres productions des tropiques cultivées dans notre voisinage et qui en affaiblissent les produits et les qualités, et les renchérissent en outre, par le taux élevé

(1) On en récolte un peu sur quelques points de la Régence, et notamment dans la belle plaine d'*Habrah*, sur la route d'Alger à *Oran*.

de la main-d'œuvre et des frais d'administration ; d'où il est à craindre qu'il n'y ait que peu ou pas d'avantages dans cette culture, pour fournir à des exportations. Et en effet, tant que l'Egypte et la Syrie resteront dans la position politique où elles se trouvent et qui met dans la main des pachas, tout le coton récolté dans ces provinces par les *Fellahs*, auxquels ils paient par conséquent la main-d'œuvre aussi peu qu'ils veulent, ils pourront le donner à meilleur compte que celui qui proviendrait d'une colonie française établie dans la Régence et qui aurait à payer chérement sa main-d'œuvre, ses frais d'établissement et d'administration que les pachas ne paient pas. D'un autre côté, les cotons des Florides et de Georgie (Etats-Unis) ne peuvent être égalés par leurs belles qualités ; ceux de l'Inde par leur bas prix et ceux des Antilles sont très supérieurs à ceux du Levant, et par conséquent à ceux d'Egypte, et de Barbarie, par leur blancheur, leur longueur et leur finesse (1).

Quant à l'indigo, il peut être cultivé partout où viennent le sucre et le café ; mais cette culture étant beaucoup moins avantageuse que celle du sucre et du coton, elle ne serait pas adoptée dans la Régence, Indigo.

(1) On doit regretter que la main-d'œuvre soit plus chère dans la Régence qu'en Egypte et en Syrie ; car nous y trouverions une grande partie des cotons qui nous coûtent 65 millions de francs par an, et dont nos colonies ne nous donnent pas la 20e partie.

pour fournir à des exportations. C'est par cette raison que cette culture commencée dès 1754 aux états du sud de l'Union, et qui avait eu de grands succès, s'affaiblit d'abord et fut ensuite presqu'entièrement abandonnée, parce qu'elle cessa d'être avantageuse par suite de l'importation considérable qui eut lieu de l'*Indoustan* aux *Etats-unis* et en Europe, où les Anglais pouvaient donner l'indigo à trop bas prix pour qu'aucune concurrence fût possible (1), et qui en fournissent annuellement à la France pour huit à neuf millions de francs ; c'est par cette raison et aussi parce que la culture de cette plante demande des soins multipliés et est exposée à une foule de dangers, que les Français en ont affaibli ou abandonné la culture dans tous leurs établissemens. Or, nous avons suffisamment démontré que le produit des terres, leur exposition et la main-d'œuvre, mettaient les marchandises des Grandes-Indes hors de concurrence par leurs bas prix, alors même qu'elles avaient à supporter des frêts et des assurances fort chers, lorsque ces marchandises avaient, comme le coton, beaucoup de volume et peu de valeur ; et l'indigo n'est pas dans ce cas, car, au contraire, il a beaucoup de valeur sous un petit volume, d'où il suit que le frêt en renchérit peu le prix ; aussi sommes-nous forcés d'aller chercher dans l'Inde, la majeure partie de l'indigo dont nous avons besoin, et qui pis est, de le payer presqu'entièrement en piastres !!!

(1) Warden, tome III, p. 433.

Ainsi tombent à l'examen et devant les faits, les assertions si souvent répétées, qu'une colonie établie dans la Régence d'Alger, remplacerait pour nous, les produits avantageux des colonies qui nous restent et que nous sommes menacés de perdre. On a dit que nous y trouverions des bras libres pour faire opérer les cultures tropicales et européennes, comme par les naturels au Mexique, au Pérou et par les Indiens libres au Bengale ou dans la presqu'île de l'Inde; voyons si, en effet, les bras disponibles sont aussi nombreux qu'on le dit, dans le pays d'Alger.

Popul… dispo… de la Rég…

On n'est généralement pas très d'accord sur le nombre des habitans de la Régence, que les évaluations les plus probables portent à un million, dont deux cent mille environ, habitent les villes qui bordent le littoral de la Mediterranée. La moitié, à peu près, de cette population se compose de Kabaïles et d'Arabes Bédouins, sur lesquels on ne peut compter pour en faire des cultivateurs. Les Maures, ou les *Arabes* Fellahs forment donc à peu près l'autre moitié, qu'on peut évaluer à environ cinq cent mille âmes, ci. 500,000

En admettant, ce qui est à peu près certain, que sur la population des villes que nous avons dit être de deux cent mille âmes, il y en ait quatre vingt mille, tant en juifs (dont on compte vingt à vingt-cinq mille), en renégats

(1) Shaler. — 1826.

D'autre part. . . 500,000

ou koulousglis, qu'en Maures propriétaires ou ayant des professions industrielles, il faut déduire ces quatre vingt mille âmes de la population ci-dessus, ... 80,000

Il restera . . . 420,000 âmes, hommes, femmes, vieillards, enfans de la population mauresque, qui pourraient s'occuper des travaux des champs ; mais dans ce nombre, à peine trouverait-on cent vingt mille individus mâles en état de travailler autant que les nègres, soit comme colons, soit comme manœuvres ou journaliers ; et que feraient nos colons des vieillards, des enfans ? Comment occuperaient-ils les femmes auxquelles une si grande réserve est commandée par leurs mœurs, leurs coutumes et surtout par la féroce jalousie des Maures !!!

Or, la population noire des colonies qui nous restent et qui nous donnent le sucre, et seulement une partie des café et coton, dont nous avons besoin, étant de 250 mille noirs et de 30 mille mulâtres, non compris 180 mille Indiens dépendans de nos factoreries de Mascat et de Moka ; on voit que les Maures mâles existant dans la Régence, et d'un âge fait, ne suffiraient pas pour remplacer les bras occupés en ce moment par nos colonies. Du reste cette ressource serait bien faible pour entrer dans des calculs d'avenir, soit que nous la comparions aux 100 millions d'Indiens soumis aux Anglais dans l'Indoustan, soit que nous la comparions seulement aux 2,200,000 noirs esclaves aux *États-Unis*, dont 40 ou 50 mille au plus ont acquis leur liberté, et n'en travaillent pas moins pour leur compte, et dont la population totale marche de pair avec celle des habitans blancs, vers un accroissement rapide qui honore également les colons américains, et comme philantropes et comme spéculateurs (1) !!!

On voit que, ni par leur nombre, ni par leur salaire, les Maures, en supposant qu'ils fussent très-bien disposés pour nous, ce qui est très-douteux, seraient loin de pouvoir remplacer les nègres de nos colonies actuelles et surtout de pouvoir nous donner, en quantité suffisante et à aussi bas prix, les denrées coloniales dont nous avons besoin ; toutefois, admettons que la population mauresque fût assez nombreuse et assez bien disposée en notre faveur pour suppléer à tout, et nous fournir les denrées en question ; supposons encore que la colonie commençât à prospérer et s'étendît, elle serait toujeus soumise à

(1) On a dit, et plusieurs journaux ont répété, que les Etats-Unis devaient leur prospérité à la liberté; et cependant le cinquième de leur population est esclave! Wardon a dit avec bien plus de raison « *que l'esclavage était la plaie des Etats-Unis*; » et il est présumable que, si le gouvernement ne trouve pas le moyen de la guérir, il en résultera tôt ou tard quelque grande catastrophe. On avait bien établi en 1816 une société *pour faire des colonies de gens de couleur libres*, sur la côte occidentale d'Afrique; mais, eût-elle obtenu des succès, ils ne seraient que de faibles palliatifs pour le mal qui existe et qui va toujours croissant.

un inconvénient extrêmement grave dont l'Indoustan et les *États de l'Union*, comme le *Pérou*, le *Vieux-Mexique* et les *Antilles* sont exempts, et le voici :

rces
ultés.

Du côté du désert, la Régence d'Alger est entourée et elle a dans son intérieur (1) à se défendre d'une multitude de tribus arabes, toutes indépendantes, et plus ou moins nombreuses, suivant que la partie du désert qu'elles ont à parcourir, peut plus ou moins nourrir eux et leur bétail. Un seul fait peut suffisamment indiquer ce que la colonie aurait à redouter de ces tribus nomades. Des rivages de *Maroc* jusqu'aux confins de la *Syrie*, les peuplades qui se nourrissent du sol en le cultivant, disent en proverbe : « *Evite le bédouin comme ami ou comme ennemi* », et en effet, si les bédouins sont en guerre, ils pillent comme ennemis ; s'ils sont amis, ils dévorent en demandant l'hospitalité. Que n'aurait-on pas à craindre, au milieu d'une colonie florissante et de campagnes couvertes de richesses agricoles de la part de semblabe voisins qui, montés sur des chameaux ou sur des coursiers rapides, viendraient piller et dévaster tout un canton en une seule nuit, et s'enfonceraient dans leurs déserts, d'où ils iraient avec impunité recommencer leurs brigandages sur un autre point ? Leur

(1) Les Turcs eux-mêmes ne pouvaient voyager qu'en caravanes, même en temps de paix et sur la route la plus fréquentée de la Régence, d'Alger à Constantine, à cause des Beni-Abbes habitans des montagnes qu'il faut traverser. Il en est de même pour aller dans l'intérieur, vers *Titteri* et *Bescara*.

paierait-on un tribut comme le paient les *fellahs* syriens et égyptiens aux *cheiks* qui les avoisinent et pour se mettre à l'abri de leurs dévastations !!.... Mais ces Arabes ne se piquent pas d'être religieux observateurs de leurs promesses ; d'ailleurs ils ne pillent pas seulement par habitude, ils pillent aussi par besoin et lorsque des saisons trop sèches affament leur bétail, ils ne respectent rien. Que serait-ce si les Anglais, ennemis nés de notre prospérité coloniale cherchaient, en gagnant les chefs des tribus, à irriter ces Arabes contre nous? Dans leurs guerres contre les États-Unis, n'a-t-on pas vu les sauvages de l'Amérique du nord, poussés, soldés par les Anglais, dévaster les champs, brûler les fermes, *couper les chevelures* des colons de l'Union ? Aurait-on des troupes pour garder la colonie? Mais si elle était prospère, elle serait étendue ; il faudrait beaucoup d'hommes pour tenir en respect ces tribus bédouines, et dans ce cas, les dépenses de ces troupes accroîtraient le montant des frais d'exploitation et rendraient les produits trop chers (1) pour en trouver l'emploi sur les marchés européens. D'un autre côté, si nous renonçons aux colonies, parce qu'elles ne peuvent être exploitées que par des noirs,

(1) On a essayé de coloniser quelques parties de la Corse méridionale, dont le sol est au moins aussi productif que celui de la Régence. On y avait planté du tabac, et déjà il donnait de belles espérances, lorsque tous les plants furent dévorés en une seule nuit par des troupeaux qu'on y avait conduits à cet effet. Depuis, ces terres sont restées en friche et sans valeur. Là aussi il y aurait de beaux établissemens agricoles à faire, mais là aussi il faudrait des troupes pour les garder!

dont l'Europe ne veut plus continuer la traite, et cela par un principe d'humanité fort louable, devons-nous, à notre tour, renouveler ou continuer, en quelque sorte, cette traite sur des hommes blancs, pour les envoyer périr en deux ou trois campagnes sous un ciel dévorant? C'est à bon droit qu'alors *Raynal* aurait raison de s'écrier : *Européens, est-ce à ce prix que vous voulez manger du sucre?* Organisera-t-on des cypayes maures pour combattre ou contenir les bédouins et les kabaïles? Mais d'abord la culture aurait besoin de leurs bras; en second lieu, ces *Maures*, très-portés à défendre les cultures qu'ils feraient pour leur compte, n'auraient aucun intérêt à défendre celles qu'ils feraient pour nous, comme manouvriers; et en admettant, ce qui n'est pas probable, qu'ils voulussent faire la guerre pour des chrétiens contre des musulmans, sans autre intérêt que celui d'une paie de soldat, ces cypayes maures auraient d'autres ennemis à combattre que les sujets des petits souverains de l'Inde!!! On a vu avec quelle résolution ils nous ont attaqués, et se sont battus devant Alger! On sait comment ils nous ont ramenés de Bélida!!! Les espagnols méxicains n'ont jamais pu empêcher les excursions des sauvages de la Cordillière, au nord et à l'est de *Santa-Fé*; aussi, que sont leurs établissemens dans le nouveau Mexique? Les Anglais eux-mêmes ont-ils pu, du moins jusqu'à présent, former des cypayes africains parmi les Cafres qui souvent dévastent les plantations anglaises les plus rapprochées d'eux? On n'a jamais pu dompter ni apprivoiser les Caraïbes, il a fallu les exterminer tous. D'ailleurs peutou croire que ce peuple anglais qui, par un admirable instinct, *juge si bien de ses intérêts politiques qui ne sont que ses intérêts commerciaux*, et qui, par cela même, porte en ce moment nos couleurs, verrait sans jalousie, la prospérité d'une colonie aussi voisine de nous et qui nous donnerait une si grande prépondérance sur lui? Les temps passés nous disent assez ce que nous aurions à redouter de l'avenir. Un ambassadeur français se plaignit plusieurs fois à lord *Chatam* de ce qu'en pleine paix, les Anglais avaient détruit notre principal établissement au Sénégal : « *Si nous étions toujours justes envers la France*, répondit ce grand ministre, *l'Angleterre n'en aurait pas pour dix ans* (1). » Avouons-le sans détour, disons-le hautement, les Anglais ont des sommes énormes à payer annuellement pour faire vivre leurs prolétaires, pour acquitter l'intérêt de leur dette colossale et pour fournir à leurs dépenses de guerre, de marine, etc. Ils ne peuvent se procurer ces sommes que par les bénéfices d'un commerce maritime exclusif, ou à peu près, sur tout le globe; ils visent depuis long-temps à cet immense monopole et ils sont très-près de l'obtenir. Il y va de leur existence; vighs, torys, oligarques, radicaux, tous n'ont qu'un but, ils ne veulent, ils ne peuvent pas vouloir de concurrens, et le moment n'est pas loin peut-être, où ils n'en auront

(1) Lord Chatam tint à peu près le même langage dans une séance du Parlement, en 1764; séance fameuse et relative aux colonies anglaises en Amérique.

plus (1). Or, la colonie d'Alger fût-elle prospère, et nous avons suffisamment démontré la presque im-

(1) Nos publicistes ne sont pas de cet avis, et jugeant du degré de puissance auquel les Américains doivent arriver un jour, par celui auquel ils se sont élevés depuis trente ans, ils regardent comme certain que les Etats-Unis lutteront *sous peu avec avantage*, par leur population, leurs richesses et leur force commerciale et matérielle, contre la Grande-Bretagne, et *bientôt la dépasseront !*

Mais on n'a peut-être pas assez remarqué que, si la faculté *d'accroître sans mesure* et de placer dans les deux mondes leurs excédans de produit, avait prodigieusement et successivement enrichi les Etats-Unis et accru leur population dans des proportions inusitées, qui ont mis en défaut les calculs de *Colqhoun* et ceux du savant *Malthus*; en revanche, ces placemens ne pouvant s'accroître que jusqu'au jour où les peuples consommateurs n'accroîtraient plus leurs demandes, le moment arriverait où les états de l'Union cesseraient d'accroître leurs excédans, parce qu'ils ne trouveraient plus l'emploi de ces accroissemens; et dès ce moment aussi, leurs richesses cessant de s'accroître, leur population cesserait de s'augmenter. Or, ce moment est arrivé, et le grand mouvement d'ascension donné depuis vingt ans surtout, à la population américaine, ne tardera pas à se ralentir pour s'arrêter bientôt... Peut-être ce mouvement ne tardera-t-il pas à rétrograder, d'abord par la raison que dans la nature tout ce qui cesse de croître entre en décroissance, mais surtout parce que la Russie arrivant sur les marchés européens avec des produits provenant d'un sol aussi vierge, aussi riche et d'une main-d'œuvre beaucoup moins chère qu'aux Etats-Unis, pourra donner ses marchandises à meilleur compte que celles de ces Etats, et *c'est ce qui arrive déjà sur beaucoup de marchés européens*. Quoi qu'il en soit, il nous paraît au moins très-probable que, dans la position actuelle des choses,

possibilité de la rendre telle, les Anglais mettraient tout en usage pour la détruire, fût-ce même à coup de canons..... s'ils l'osaient.

la population des Etats de l'Union ne s'accroîtra guères désormais que par les causes ordinaires dans les autres pays.

On n'a peut-être pas remarqué non plus que, comme tous les peuples qui s'enrichissent promptement, les Etats-Unis ont augmenté leur luxe et leur consommation en produits étrangers à tel point, que leurs exportations, quoique prodigieuses relativement, sont au-dessous de leurs importations, de près de 50 millions, et que la balance de leur commerce avec tous les peuples du globe, n'est en leur faveur de 25 à 30 millions que par leurs bénéfices sur le frêt, ce qui ne suppose pas beaucoup d'argent comptant chez eux.

Que si l'impôt est admirablement assis aux Etats-Unis, pour le temps de paix, puisqu'il ne consiste aux trois quarts ou aux sept huitièmes qu'en droits de douanes sur les importations; en revanche, quand la guerre commence, le produit de l'impôt n'étant guère alimenté que par les importations provenant des prises faites par les corsaires, se réduit beaucoup à l'instant même où il faudrait l'accroître pour faire face aux dépenses extraordinaires de guerre. Alors, pour avoir de l'argent, il faut ou charger les terres au moment même où leurs produits restent sans emploi, ce qui achève d'écraser la culture et l'industrie, ou bien avoir recours aux emprunts qui, établis pour faire face à des dépenses de guerre, mènent plus ou moins vite à la gêne et tôt ou tard à une catastrophe. Jusqu'à présent, il n'a été permis qu'à l'Angleterre de faire une guerre longue et sérieuse dans l'étranger, *avec un budget*, et nous doutons très-fort qu'elle pût recommencer.

Si nous ajoutons à tout ce qui précède, que jamais la marine militaire des Etats-Unis ne pourra lutter avec la marine anglaise, tant par le nombre des vaisseaux de toute grandeur

On nous dit gravement, et quelques journaux ont répété, que les voyages fréquens de la métropole à la Régence, et de là, sur les divers ports de l'Europe, donneraient de l'activité à notre marine, et nous formeraient en temps de paix, des marins pour nos flottes en cas de guerre!!!

Mais ces voyages ne seraient guères qu'un cabotage plus ou moins étendu, et l'on sait que les habiles marins ne se forment que par les voyages de long cours et dans les hautes mers. Les pêcheries de Terre-Neuves, de Saint-Pierre et Miquelon, nous dressent bien quelques matelots; mais ce moyen serait très-insuffisant, alors que la France consommerait beaucoup de morue, ce qui n'est pas; et alors surtout que les pêcheurs américains ne fourniraient pas à nos An-

que par la qualité des bois américains qui, dit-on, étant trop gras, ne durent pas à la mer au-delà de 12 ou 15 ans; si nous admettons enfin, que l'Angleterre pût appeler à l'insurrection les deux millions de noirs des Etats-Unis et renouveler dans les provinces du midi de l'Union les bouleversemens et les scènes sanglantes de St-Domingue*, peut-être arrivera-t-on à conclure avec nous, que les Etats-Unis seraient hors d'état de faire, ou auraient au moins beaucoup de peine à soutenir contre l'Angleterre, une guerre de quelques années, et que, si la Grande-Bretagne doit enfin trouver un ennemi redoutable pour elle, depuis l'affaiblissement de la France, c'est en Orient et non en Occident qu'elle doit le rencontrer.

* Dans son discours à la chambre des pairs, le 23 mai 1803, le duc de Clarence, fils du roi d'Angleterre, avoua sans détour « que la destruction « de St-Domingue était l'ouvrage de la politique anglaise! »

tilles presque toute la morue dont elles ont besoin. Les marins ne se forment que par les pêcheries du cachalot dans les mers du sud, ou de la baleine au pôle boréal et surtout au pôle austral, et par des voyages multipliés dans les Grandes-Indes et au-delà ; ou tout au moins, par des courses répétées en Amérique. Conservons donc les colonies qui nous restent, quand nous ne jugerions de l'importance qu'elles ont pour nous, que par l'acharnement avec lequel les Anglais ont cherché à nous en priver, et alors que l'intérêt de notre marine, de notre commerce et notre amour-propre national ne nous en feraient pas une loi. Songeons que de 42 mille français qui vivent dans ces établissemens, 18 à 20 mille y possèdent un capital en immeubles ou en moyens d'exploitation, représentant près d'un milliard (soit la 37e partie de toutes les richesses agricoles de la France) qui leur rapporte près de 7 pour 0/0 : ou 66 à 70 millions en denrées coloniales, dont 60 millions passent en France pour s'y échanger contre des produits fabriqués dans la métropole qui en envoie aux colonies pour 50 millions de francs ; que si la balance commerciale reste en faveur des colonies pour 10 millions, ce qui nous apauvrit chaque année, de cette somme, et ce qui n'est pas juste, tâchons d'améliorer promptement cette balance en faveur de la France, sur laquelle les colonies font trop de bénéfices, et n'oublions pas, surtout, que notre commerce avec elles, *tout réduit qu'il est*, roule sur plus de 100 millions d'exportations ou d'importations ;

qu'il occupe 2,300 navires jaugeant près de 250 mille tonneaux, et montés par plus de 25 mille matelots; qu'enfin tout cela s'accroîtra en proportion des améliorations dont nous avons parlé (1). Tâchons de suppléer à la traite, soit en favorisant la multiplication de nos noirs, comme aux Etats-Unis (ce qui doit être possible), soit en appelant sur nos colonies de Bourbon et de Sainte-Marie, des Indiens libres de l'Indoustan, ou des sujets libres du roi d'Oran, soit enfin des nègres volontaires de Mozambique, ou de Madagascar. Accroissons le plus possible le nombre des nègres libres qui travaillent pour nous au Sénégal,

(1) Il est à remarquer que nos exportations de France arrivant à peu près chaque année à 440 millions, et nos importations à 455 millions, nous soldons la balance générale de notre commerce avec les divers marchés du globe par 15 millions d'écus à notre désavantage, et que les deux tiers au moins, de cette perte, proviennent de nos colonies. C'est un motif de plus pour chercher à améliorer cette balance avec elles en faveur de la métropole; et l'un des meilleurs moyens parmi plusieurs autres, serait d'empêcher l'introduction dans les colonies, des marchandises anglaises qui s'y emploient à l'exclusion des nôtres. Sans doute nos turgotistes modernes ne manqueront pas de se récrier contre une semblable proposition! *Plus de douanes, liberté entière de commerce pour la métropole et pour les colonies*, diront-ils!... Otez les douanes, et Paris et les trois quarts de la France seront nourris et vêtus avec des farines et des laines russes ou américaines, et le soc de nos charrues sera de fer russe ou suédois.... Nos colonies, qui déjà regorgent de marchandises anglaises, *malgré les frais de contrebande* qu'elles ont à supporter, auront l'*inappréciа-*

à Gorée, et le nombre des naturels *recensés* que nous occupons à Cayenne; prenons sur tous ces points pour les besoins de la Guadeloupe et de la Martinique; cherchons enfin, et de concert avec notre gouvernement, un moyen qui *ne soit pas l'esclavage*, pour sauver, d'un massacre certain, ces populations noires que de barbares vainqueurs font égorger, après la victoire, dans l'intérieur du continent africain, pour se débarrasser de leurs prisonniers, que la cessation da la traite dévoue à une mort certaine, et que l'on pourrait employer comme manouvriers; et, plus dans nos intérêts que dans le leur,

ble avantage de les recevoir et de les employer ouvertement, au détriment de celles de la métropole; mais leurs sucres et leurs cafés, leurs cotons, leurs indigos ne pouvant lutter sur aucun marché du globe avec les produits des Etats-Unis et de l'Indoustan, à cause de la cherté de leur main-d'œuvre ou du moindre produit de leur sol, qu'en feront-ils?... Nos armateurs eux-mêmes, dont l'habileté n'est pas contestée, mais auxquels il faut autre chose que du fromage et de la morue pour vivre, et des équipages trop nombreux pour naviguer, ne pouvant lutter contre le frêt anglais, américain ou hollandais, verront leurs vaisseaux pourrir dans nos ports; et cela est si vrai, qu'en 1824, par exemple, et avec l'ordre de choses actuel, plus des deux tiers des navires qui ont fait nos exportations de France étaient étrangers (415 mille tonneaux sur 550 mille)!!! Supprimez les douanes, et en quelques années nous n'aurons au dehors, ni colonies, ni marine, ni considération, et au dedans, plus d'agriculture, d'industrie ni d'argent, ni d'armée; mais en échange de tout cela, nous aurons des regrets, de la misère, et bientôt de la barbarie....

traitons ces travailleurs de manière à les conserver ; faisons pour cela des lois sévères contre les colons, et surtout faisons-les exécuter. *Faisons mieux encore* : depuis 20 ans, les Anglais ont commencé de semblables établissemens dans quelques-uns des nombreux archipels de la mer du sud, soit pour favoriser et étendre leurs pêcheries de cachalots, soit parce qu'ils y ont trouvé des terres volcanisées très-productives, de la main-d'œuvre à vil prix, et 30 millions d'Indiens d'un caractère doux, facile à ployer aux travaux, et pouvant, au besoin, remplacer les naturels de l'*Indoustan*, si ce pays doit leur échapper un jour !!! Osons les imiter, et bientôt nous aurons du sucre, surtout de l'indigo, à vil prix, et pour quelques étoffes ou quelques plumes teintes en rouge. Alors nons aurons l'occasion de former de bons marins ; mais avant tout, réduisons les dépenses et les équipages de nos armateurs, et que leur frêt descende au taux du frêt américain et anglais ; nos armateurs doivent faire d'autant moins de difficultés, que la main-d'œuvre est moins chère chez nous que chez nos rivaux, et que les vivres d'approvisionnemens se payent en Angleterre, à un prix beaucoup plus élevé qu'en France...

Soins inutiles, nous dira-t-on, les Anglais seront maîtres de toutes nos colonies au premier indice de mésintelligence avec nous !! Il faut en convenir, peut-être ils le pourraient, s'ils le voulaient ; mais depuis 15 ans, que les temps sont changés, et pour eux et pour nous !!! que ce serait une grande erreur de croire qu'il est dans leur intérêt de se brouiller désormais avec la France !!! Il est aisé de le démontrer.

L'Angleterre n'avait qu'un ennemi sur le continent, et l'Europe entière, soulevée contre lui, l'écrasa: c'était la France... Des convulsions politiques de 1815, sortirent deux puissances dominantes, *fort étonnées peut-être de se trouver ennemies*. Depuis, elles s'observent; l'une a des bataillons nombreux; l'autre des vaisseaux par milliers; l'intérêt de l'une est de s'agrandir, et son histoire depuis un siècle surtout, nous prouve qu'elle le peut et le sait. L'autre est arrivée, à peu-près, à l'apogée de sa puissance, et ne peut que décheoir. Chez l'une cette puissance est réelle, chez l'autre elle est factice; or, dans l'ordre physique comme dans l'ordre moral, la raison doit toujours finir par avoir raison. Dans la lutte qui se prépare et qui s'engagera tôt ou tard, la France fera nécessairement pencher la balance du côté où elle mettra son épée. Si elle se prononce pour la Russie, nul doute que la conquête de l'*Inde* ne tarisse bientôt la source des richesses de l'Angleterre et n'entraine sa perte; car elle n'existe et n'a de force que par ces mêmes richesses (1). Dans cet immense naufrage politique et commercial, *de riches débris pourraient devenir la proie de la France*,

(1) Elle prévoit la possibilité de cette catastrophe, et elle cherche d'avance, et avec une habileté et une constance admirables, à en atténuer les effets, en fondant de nouveaux établissemens en Afrique; mais jamais elle ne parviendra à y remplacer ce qu'elle perdrait dans l'Inde. Les Cafres, les Assan-

et sa marine pourrait les recueillir ; elle doit donc la conserver avec soin, et avec elle ses colonies !!!

Que si, au contraire, la France, se rappelant que l'Angleterre a, la première, fait briller en Europe le flambeau de la liberté que nous venons de conquérir d'une manière si glorieuse, et jugeant, comme elle le doit, le danger de donner à la Russie une prépondérance trop puissante pour la sûreté des États du midi de l'Europe, se rapprochait de l'Angleterre, pour, de concert avec elle, arrêter la marche du Tzar, et pour neutraliser à la fois, l'influence de ce souverain sur divers cabinets, et sa tendance à affaiblir l'empire Ottoman, *pour le dominer un jour et peser ensuite sur l'Europe de tout son poids* ; nul doute que cette reine des mers ne dût accueillir notre alliance par des concessions commerciales et maritimes dont l'importance serait proportionnée au service rendu, à nos besoins en coton, en café, etc., et pour la prise de possession et l'exploitation desquelles notre marine serait encore nécessaire. Cette marine doit donc être soigneusement conservée, et avec elle nos colonies !!!

Dans cette grande alternative, le gouvernement aura à se prononcer ; sa position est délicate, difficile ; quelques cabinets pourraient chercher à s'en prévaloir et essayer si des démonstrations d'exigence

thées et les autres nations nègres ne sont pas des Indous !... Toutefois elle pourrait être plus heureuse avec les insulaires des archipels de la mer du Sud, insulaires qu'elle cherche à captiver comme les Indous !

n'obtiendraient pas de lui quelques concessions, et n'influenceraient pas la direction de sa marche politique... Espérons tout de sa sagesse ; mais, en attendant, cessons nos récriminations contre l'Angleterre, récriminations si fondées pour le passé, et aujourd'hui peut-être intempestives ! Dans tous les cas, renonçons à coloniser Alger (1).

(1) On parle de garder Alger comme point militaire; et en effet il paraît qu'il serait facile de le rendre presque imprenable.

Appuyée au midi sur des déserts; sur ses flancs, par des solitudes sans ressources, sans chemins pour l'artillerie et pour les transports d'approvisionnemens de toute espèce nécessaires à une armée; Alger, entre nos mains, n'aurait à se défendre que du côté de la mer. Or, l'expérience nous a appris tout ce que cette attaque aurait de chanceux et tout ce qu'elle pourrait avoir de funeste par les coups de vent si fréquens et si terribles snr ce rivage, pour une armée ennemie qui serait forcée de rester un peu long-temps près de la côte, si elle était bien défendue.

Que si le port et les points vulnérables de la grande baie étaient bien gardés, ce qui serait facile, la plage de *Torré Chica* étant le seul point de débarquement pour une armée ennemie qui voudrait, et avec raison, arriver promptement sous les murs de la ville, il serait très-facile de rendre le siége très-long et très-meurtrier, en construisant sur les hauteurs qui dominent Alger, des ouvrages échelonnés qui en défendraient long-temps les approches, et qui par là, laisseraient aux chances de mer le temps d'amener quelque catastrophe pour la flotte, et par conséquent pour l'armée de siége.

Mais nous ne concevons pas la nécessité de garder ce point militaire, si nous ne colonisons pas la Régence. Qu'aurions-nous

Et qu'on ne nous dise pas que l'honneur nous prescrit de garder cette conquête ! Jamais, à aucune époque de notre histoire, l'honneur national n'a été ni plus promptement, ni plus complètement satisfait. Un barbare, entouré d'une milice féroce, faisait piller par ses corsaires, les vaisseaux marchands de toutes les puissances de l'Europe, qui, croyant à l'im-

à y défendre? En avons-nous besoin pour extirper la piraterie à laquelle cette côte a servi si long-temps de refuge? Mais les fortifications d'Alger détruites, son port comblé, que sont les petites Régences de Tunis et de Tripoli? on a vu quelle résistance a faite cette dernière ville ! Il est facile à la France de rendre tributaires ces petites puissances, cela est juste; mais faisons lever ces tributs par une frégate et non par une armée permanente. Garderions-nous Alger pour protéger notre commerce actuel avec la Régence? Mais on a vu combien ce commerce est peu important, et les dépenses annuelles que nous serions obligés de faire, dépasseraient, et de beaucoup, son produit net et même les revenus de la Régence. Le Dey ne pouvait combler le déficit annuel de son budget que par ses corsaires, et nous ne voulons sûrement pas l'imiter.

Que si la Régence doit devenir une province française, alors une seule chose est à faire : elle est honorable, utile pour la France, elle est plus utile encore pour le pays conquis; la voici :

Une partie du littoral est cultivée, quoique fort mal, par les Arabes et les Maures *Fellahs* qui l'habitent; *laissons-les travailler pour eux et leurs familles*. Sous le dey, leur état était précaire, incertain; il sera facile de le fixer de manière à les tranquilliser sur l'avenir. Dirigeons leurs cultures vers des produits dont la France a besoin, parce quelle ne les récolte pas. Demandons-leur des *cotons* dont nous avons tant

possibilité de l'attaquer dans son repaire, achetaient par des tributs honteux, le droit de n'être pas rançonnés.

Une campagne de quelques jours, dont la gloire a couvert l'une des plus belles pages de notre histoire, et rejaillit à la fois sur notre marine et sur notre armée, étrangères l'une et l'autre à la honteuse rapa-

•

besoin, et dont nos colonies ne nous donnent pas la 20e partie de ce qui nous est nécessaire; demandons-leur des *soies fortes* dont l'Italie nous approvisionne pour 10 à 15 millions de francs par an; demandons-leur du *Riz* que nous recevons des Carolines, du Levant ou du Piémont, et plus tard nous pourrons leur demander autre chose. Déjà, il cultivent ces produits sur plusieurs points, quoiqu'en petite quantité. Il ne faudra que donner de l'extension à ces cultures. Nous recevrions ces marchandises, *sans concurrence*, et par conséquent à 30 ou 40 pour 0/0 au dessous de ce qu'il nous en coûterait, si nous les cultivions nous-mêmes, dans la Régence, et à 20 ou 30 pour 0/0 au dessous des prix auxquels nous les achèterions en Egypte. Recevons, s'il le faut, nos tributs en produits du sol et payons l'excédant *en produits fabriqués par la France*. L'appât d'un débouché certain, d'un bénéfice assuré, étendrait probablement ces cultures qu'on pourrait essayer de propager à peu de frais, en envoyant dans chaque tribu ou dans chaque province, un ou deux hommes graves qui sauraient parler le dialecte, porter l'habit, adopter les usages, respecter la religion de ces peuples et leur offrir les plants, les graines et les secours dont ils auraient besoin, et les amener par la persuation et des exemples, à en faire emploi..... Du moins ces tentatives ne demandant *ni soldats, ni commissaires*, ne seraient pas coûteuses, si elles n'amenaient que de faibles succès; mais n'oublions pas que ces musulmans sont, au moins

cité de quelques chefs, a déchiré ces traités que la faiblesse ou l'impéritie avaient souscrits, et a mis dans nos mains, des dépouilles qui couvriront, et peut-être au-delà, nos dépenses de terre et de mer. La chute

en partie, les mêmes hommes qui, dans le moyen âge, prouvèrent sous leurs Califes, à quel degré d'élévation leur intelligence pouvait se porter; qu'ils furent nos premiers instituteurs dans les sciences, dans les arts *, et qu'une fois certains de *travailler et de conserver pour eux* et non pour des *Beys* ou *des colons* plus ou moins avides, leur intérêt et le désir si naturel d'améliorer leur sort et celui de leurs enfans, les porteraient à nous seconder, et peut-être finiraient-ils par se trouver heureux de vivre sous un gouvernement aussi juste et aussi doux que celui des *Beys* était despotique et cruel. Laissons-leur le soin de défendre leurs villes, leurs familles, et leurs cultures, contre les Kabaïles ou contre les Bédouins; ils s'en acquitteront bien mieux et à bien meilleur marché que nous. Enfin *conservons, étendons, améliorons ce qui est*; mais seulement par des conseils, des bons procédés et quelques secours; femmes, enfans, vieillards, tous les bras, sans exception, seront employés (ce qui ne pourrait avoir lieu par la colonisation, surtout pour les femmes); l'aisance et le bien-être de tous en résulteront; et, pour la première fois depuis bien des siècles, sur cette terre d'esclavage et de sang, la conquête aura produit d'heureux résultats.

Peut-être cet essai devrait-il être tenté... *Encore faudrait-il que la politique européenne le permît*, et c'est ce qui ne tardera pas à être éclairci.

Dans tous les cas, ne colonisons pas la Régence!!

* Nous leur devons l'astronomie, l'école de médecine de Montpellier, les tapis d'Aubusson; et lorsque nos rois chantaient au lutrin par amour pour les lettres, les Maures ou Sarrasins nous apprenaient le chiffre arabe, les mathématiques, etc., etc.

d'Alger a retenti chez tous les peuples, et le cri de joie poussé par la France a été entendu des deux mondes. Que voulons-nous de plus ? Hâtons-nous de renverser, dans le port d'Alger, les fortifications de cette ville barbare, et que désormais, nul vaisseau ne puisse y trouver un abri ; ramenons en France cette armée qu'une terre inhospitalière dévorerait en peu de temps, dont nous pouvons avoir besoin ailleurs, et qu'attendent sur nos fortunés rivages les félicitations et les honneurs de la patrie... Ne nous exposons point par des délais sans but, et par des irrésolutions toujours dangereuses en pareil cas, à perdre inutilement les millions avancés par la France en préparatifs pour cette guerre, et les trésors de toute nature que la conquête a mis dans nos mains. Evitons surtout de compromettre le beau succès que nous avons obtenu au prix du sang de tant de braves morts pour la patrie... Réunissons toutes nos forces et toute notre attention sur notre situation intérieure, sur notre armée qu'il faut organiser promptement, sur nos finances, nos lois, et sur nos administrations civiles et militaires, qu'il importe d'améliorer avec célérité. Organisons nos gardes nationales pour couvrir nos places fortes, nos frontières, et, si jamais elles avaient à défendre le sol qui nous vit naître, *qu'elles se rappellent les cohortes de Lutzen!!!*

Paris, le 10 septembre 1830.

M. A.

www.ingramcontent.com/pod-product-compliance
Lightning Source LLC
LaVergne TN
LVHW020446230826
846091LV00004B/1566

* 9 7 8 2 0 1 1 9 4 5 0 8 2 *